赵 真 —— 主编

冬奥趣读

一本书看懂冰雪运动

化学工业出版社
·北京·

内容简介

本书通过对冬奥会比赛项目、比赛规则,以及历届冬奥会情况等的介绍,帮助冰雪爱好者了解冬奥会知识以及冰雪运动项目,了解历届冬奥会的历史与文化、中国运动健儿参与冬奥会的那些事,并通过大量卡通、剪影和实景图片以及冰雪运动关键技能的视频展示,激发青少年参与冰雪运动的热情。

本书内容图文并茂,通俗易懂,趣味性强,可读性强,并且配有滑雪冠军、滑雪达人讲解滑雪技术的教学视频,以及在线答疑和交流服务,能让广大读者在轻松生动、诙谐幽默的形式中了解冰雪项目的运动装备,学习基本的冰雪运动知识和技能。

图书在版编目(CIP)数据

冬奥趣读:一本书看懂冰雪运动/赵真主编. —北京:化学工业出版社,2020.6(2022.2重印)
ISBN 978-7-122-36485-2

Ⅰ.①冬… Ⅱ.①赵… Ⅲ.①冬季奥运会-青少年读物②冰上运动-青少年读物③雪上运动-青少年读物 Ⅳ.①G811.212-49②G86-49

中国版本图书馆CIP数据核字(2020)第046917号

责任编辑:梁静丽 迟 蕾　　　　　文字编辑:李 曦
责任校对:宋 玮　　　　　　　　装帧设计:李子姮

出版发行:化学工业出版社(北京市东城区青年湖南街13号　邮政编码100011)
印　　装:北京缤索印刷有限公司
787mm×1092mm　1/16　印张13¾　字数249千字　2022年2月北京第1版第5次印刷

购书咨询:010-64518888　　　　　　售后服务:010-64518899
网　　址:http://www.cip.com.cn
凡购买本书,如有缺损质量问题,本社销售中心负责调换。

定　价:88.00元　　　　　　　　　　　　　　　　　　　　版权所有　违者必究

《冬奥趣读：一本书看懂冰雪运动》编委会

顾　问：单兆鉴　朱承翼　付寿宁

主　任：赵　真　蔡洪文

委　员：赵　真　蔡洪文　刘兴春　曹鑫宇　刘大力（飘飘龙）

　　　　　汪　冰　杨　明（石头）　赵　新

主　编：赵　真

副主编：曹鑫宇

编写人员（按姓氏笔画排列）：

　　　　　王志强　王锦芬　宁　琴　刘显英　杜海军（深度）

　　　　　李　爽　李　雷　李光全　李光旭　宋　柏　张秋爽

　　　　　张耀华　范亚庸　赵　真　侯　建　徐洪彬　栾海军

　　　　　曹鑫宇　盖永根　韩健波　程　爽

摄影/摄像：蔡洪文　杜海军（深度）　张　健（思诺）

　　　　　汪　冰　汪文龙　肖　明

序一 PREFACE

因为他们，冬奥文化在中国有了无限可能

人类滑雪的起源地究竟在哪里？这个问题在业界讨论了100多年没有定论。从1993年开始，我持续深入地研究了这一课题，并在全世界第一个提出了"中国新疆阿勒泰地区是人类滑雪最早起源地"的观点。当初很多人并不相信这一观点，甚至有人劝我放弃这种"耗时无结果""吃力不讨好"的研究。

很庆幸，我坚持了下来，并最终通过无可辩驳的证据让全世界认可了这一观点。

现在经常有人问我，这项研究耗时良久，在压力重重、困难多多的情况下，为什么没有放弃？我的答案非常简单——这是我的信念。

我是1938年出生的，从事滑雪运动近70年，拿到了全国第一个滑雪冠军奖杯，可以说见证了新中国滑雪运动的整个历程。

如今，在2022年北京冬奥会的脚步越来越近的时刻，再没有人怀疑这一结论。而我近年来的工作重点，也从研究中国冰雪运动发展历史与文化，过渡到推广冰雪运动文化与冬奥会独具的文化魅力中来。我写了十几本滑雪专著，看了更多本有关冬奥会的介绍书刊，参加了诸多活动，但心底总感到有些不足和遗憾。

就在前些日子，当我读完赵真等人编撰的这本《冬奥趣读：一本书看懂冰雪运动》初稿时，顿时眼前一亮，由衷地感到高兴。这让我知道了，在推广冰雪运动的过程中，并不是我和其他一些专业人士在孤军奋战，很多冰雪运动的爱好者、发烧友、勇敢的后来者也在默默地坚持和奋进，在自发自觉地行动。因为他们，冬奥文化、冰雪运动在中国的发展和弘扬具有了无限的能量。

具体说来，这本《冬奥趣读：一本书看懂冰雪运动》让我感到惊喜的地方有三：

1. 体例新颖，生动活泼

跟大家喜闻乐见的足篮排运动相比，冰雪运动毕竟有些"阳春白雪"。很多人可以轻易地判断出足球场上的越位与否，但却并不清楚速度滑冰与短道速滑间、越野滑雪与高山滑雪间的区别。这并非是运动项目的难易程度有别，实在是我们往昔对于相关知识的普及程度有所欠缺。

《冬奥趣读：一本书看懂冰雪运动》，在这点上无疑是大有裨益的。此书没有专业教材的冰冷，也没有演义小说的夸张，而在专业性和通俗性上得到了很好的平衡。通过生动活泼的语言，为大众进行了较为专业的科普。

在体例上，此书也不落窠臼，以冬奥会项目为经，以历届赛事为纬，然而又不拘泥于冬奥赛事的成败得失，而是以一个爱好者的视角，跳出赛场观看冰雪运动，反倒给人耳目一新、别开生面的感觉。

2. 文图兼备，形象直观

《冬奥趣读：一本书看懂冰雪运动》第二个特点，就是大量运用图片、图解的形式，对冰雪运动进行了全方位、立体化的解读。每项运动都用图解的形式，形象直观地展示了这项运动的要领乃至装备。既是冰雪运动从业者的参考书，又是广大爱好者的学习教材。

跟文字相比，图片显得更有冲击力；跟单调的介绍相比，直观的图解更有普适性。这方面，赵真和她的伙伴们显然考虑得很周全，充分照顾到了现代读者和中小学生的阅读习惯，也为冰雪运动进校园做出了自己的独特贡献。

3. 视频展示，指导性强

过去几年里，借着申办冬奥会成功的东风，我国冰雪文化和运动获得了前所未有的发展机会，也取得了非常好的发展成绩。越来越多的地区，就连无冰无雪的南方地区都从地域实际出发，开展了丰富多彩的群众性冰雪运动，意在让越来越多的老百姓参与到冰雪运动中。

但因为专业教练数量有限，很多地区的冰雪运动并没有得到及时、科学有效的指导和开展。《冬奥趣读：一本书看懂冰雪运动》，打破了文字和空间的局限，在关键内容处，很有创意地增加了视频内容。通过扫描二维码，就能便捷地看到专业人士深入浅出的讲解，从而得到科学有效的引导，实在是广大青少年和冰雪运动爱好者的"良师益友"。

2018年，在国际滑雪历史协会（ISHA）授予我世界滑雪历史文化研究"终身成就奖"的仪式上，我曾说过，终身成就奖不是我一个人的荣誉，而是整个中国滑雪界的光荣。我坚信，中国在世界滑雪历史上发挥着重要作用，对于冰雪文化的推广更应当是长期的、广泛的。一方面，要让大众参与到冰雪运动中来，通过强健体魄获得乐趣；另一方面，我们更应该坚持文化自信，吸收先进国家的成功经验，结合我们的国情，进行有效创新。创新必自信，这是中国冰雪文化发展之魂！

从这个意义上说，赵真等人编撰的这本《冬奥趣读：一本书看懂冰雪运动》，是我们发扬中国冰雪运动文化自信的最好展示。希望赵真和她的团队再接再厉、更上层楼，深耕冰雪运动，致力大众推广，未来能奉献出更多更好的作品！受益于"带动三亿人参与冰雪运动"！

新中国第一位全国滑雪冠军
现任中国大众文化学会冰雪专业委员会主任
阿勒泰人类滑雪起源地研究首席专家
国际滑雪组织授予"终身成就奖""中国滑雪之父"等荣誉

序二
PREFACE

让冰雪运动同文化和历史碰撞出璀璨的火花！

2002 年，中国实现在冬奥会上金牌零的突破之后，我们的冰雪项目就进入了一个崭新的发展阶段，大众冰雪运动也由此蓬勃兴起。特别是 2015 年中国申办冬奥会成功之后，国家对大众冰雪运动发展更加重视，提出了三亿人参与冰雪的目标，大众冰雪运动从此进入了快车道。

作为多年从事冰雪运动的我，非常欣慰地看到，从最初的"北冰西扩南展"到现在的"北冰西扩南展东进"，全国各地都在根据自身条件，因地制宜开展起冰雪运动。目前全国 30 个省、自治区、直辖市都已经有了冰雪运动。除了北方地区一直有优势外，其他地区，如上海、四川、陕西的大众冰雪运动也已经有了长足的进步。

最新发布的《中国滑雪产业白皮书（2019 年度报告）》数据显示，2019 年，国内滑雪场新增 28 家，总数达到 770 家，增幅 3.77%。国内滑雪场的滑雪人次由 2018 年全年的 1970 万，上升到 2019 年的 2090 万，同比增幅为 6.09%。

可以说，2022 年北京冬奥会为我们提供了历史性的机遇，让我们能够加快速度朝着冰雪运动强国的目标迈进。这对我们冰雪运动从业者来说，既是极大的挑战，又蕴藏了无数的机遇，这让曾数十次带领国家队参加速度滑冰、花样滑冰、冰球、滑雪等国际赛事的我，感到心潮澎湃，希望 2022 年北京冬奥会早一点到来。

历史证明，一项运动的发展离不开文化的引领与支撑，体育强国的建设更离不开体育文化的发展繁荣。冰雪运动与丰富的人文文化、历史文化相结合，将会迸发出璀璨的火花，这不仅能深入挖掘一项运动的文化内涵，更能拉长冰雪产业链条，进一步助推冰雪经济的发展。前不久，我看到了几个冰雪爱好者编著的《冬奥趣读：一本书看懂冰雪运动》初稿。一翻之下顿时被吸引，它叙述简明清楚，生动活泼，让我这样一个长期从事冰雪运动的人，深刻感受到了他们对冰雪运动的诚挚之爱和对冬奥历史的虔敬之情。我觉得，这本书是我们在世界冰雪运动舞台讲述中国故事的一次全新尝试。

希望《冬奥趣读：一本书看懂冰雪运动》能以自己独特的方式吸引更多人了解、熟悉，进而爱上冰雪运动！

国家体育总局冬季运动管理中心原副主任
中国滑冰 / 冰球 / 滑雪协会前副主席
曾带领国家队参加四届亚冬会、五届冬奥会，是新中国冰雪运动发展的见证者
2017 年，荣获"WSTOPS 冬季运动冰上运动领军人物"称号

前言 FOREWORD

近些年，周围投身于冰雪运动的朋友越来越多。或者，他一逢雪季便收拾行囊背起滑雪板，去追寻在林海雪原里驰骋的乐趣，亦或，他每到周末，便带着孩子来到自由快乐的冰场，陪伴孩子学习滑冰或者冰球……

总之，在"带动三亿人参与冰雪运动"的号召下，在对北京冬奥会的无比期盼中，中国的冰雪运动蓬勃地发展了起来。

我的爱人和孩子都是滑雪发烧友。几年间，我见证了家里的滑雪装备越来越多，也注意到了原本体质偏弱的儿子身体愈加强壮。耳濡目染多了，我也开始渐渐"上瘾"——雪上项目小到高山滑雪中旗门的学问，大到各项目的种类和规则的区别；冰上项目从速度滑冰和短道速滑的不同，到冰壶运动中的战术运用等，一项又一项的冬季运动吸引着我，让我不断打开一个又一个崭新世界的大门，沉醉于冰雪世界的"速度与激情"中。

直到某一天，一个念头突然在我的脑海中出现——为什么不把从冰雪运动的"菜鸟"到"票友"的这一转变过程，通过某种介质或方式记录并留存下来？这个想法得到了众多冰雪专业人士、发烧友及朋友们的响应与支持。

于是，便有了《冬奥趣读：一本书看懂冰雪运动》的诞生。

这本融冬季冰雪运动介绍、相关装备图解、规则术语科普、冬奥会历史掌故于一体的图书，以普通爱好者的视角，较为详尽地介绍了冬奥会的各项赛事，普及了冰雪运动的规则，并且通过配套视频对相关运动项目的动作要领做了直观而生动的展示，希望能照顾到更为广泛的群体，让他们都能在本书中各取所需，有所收获。

我相信，这是一本只要你认真读完，就能明白地看懂冬奥会的实用手册。

在编写本书的过程中，很荣幸得到了冰雪运动专家单兆鉴和朱承翼二位老师诚挚、热情又极具专业性的指导，让我受益匪浅的同时，也让《冬奥趣读：一本书看懂冰雪运动》具备了更多的专业性和权威性。

在整书的编纂过程中，还应特别感谢曹鑫宇先生，他拥有媒体人特有的职业敏感和深厚的文字功底，对本书的最后完成起到了至关重要的作用。

在编写冰雪运动项目时，为使得各项技术、规则、数据更贴近现行标准，诸多优秀的国家级运动员、教练员、裁判员——王锦芬、刘显英、宁琴、程爽、李光旭、李雷、李爽、张秋爽、张耀华、杜海军（深度）、宋柏、侯建、王志强、徐洪彬、栾海军、盖永根、韩健波等对本书的编写都给予了大力支持；同时以蔡洪文、刘大力（飘飘龙）、杨明（石头）、汪冰为代表的众多滑雪发烧友也为之付出了诸多的努力；更有像刘兴春先生这样的热心企业家所提供的无私帮助；同时也应该感谢李丽、崔涛等人在本书从编写到推广过程中所做的大量幕后工作。如果没有他们的支持和帮助，本书的编写将难以实现。

在这里，我要向他们一并致以谢意，感谢你们对我这个冰雪运动爱好者出版专业图书梦想的支持和帮助，更要感谢你们为普及冰雪运动做出的不懈努力和奉献！

希望这本图书能不负重托，为冬奥历史文化的普及和发展、为中国冰雪运动，贡献出自己的力量！

欢迎广大读者朋友通过 dlwb360551422@163.com 联系我，交流冰雪运动及相关信息。

赵真

2020 年 10 月于大连

我有一个好朋友叫奇奇。

今天看到它的朋友圈又上传了消息。

哇,奇奇玩得好开心啊,羡慕……

"奇奇,你在哪里玩耍呢?看着好过瘾啊!"

赶紧找它聊聊去。

目录 CONTENTS

① 认识一下冬季奥运会吧

想不到，冬奥会原来是这样诞生的 / 002
冬奥会和夏奥会的区别有几方面 / 003
冬奥会项目是如何设置的 / 004
冰上运动与雪上运动有哪些不同 / 006
开启我们的冬奥之旅吧 / 007
冬奥会冰雪项目 / 008

② 冬季冰雪运动项目——雪上篇

滑雪究竟起源于何处 / 011
滑雪运动起源于新疆阿勒泰 / 012
雪上运动项目总览 / 015

雪地上的"速度与激情" / 018

带你认识一下高山滑雪 / 020
高山滑雪项目之间有何不同之处 / 022
看看高山滑雪的装备 / 023
小旗门大学问 / 024

冬季里的"雪地马拉松" / 025

带你看懂越野滑雪 / 027
看看越野滑雪的装备 / 030

微信扫码
获取本书线上资源与服务

与滑雪冠军、滑雪达人一起学滑雪，一起交流吧

为什么越来越多的人爱上越野滑雪这项运动 / 031

"死刑"竟成了一项运动 / 032

让你快速看懂跳台滑雪 / 034

看看跳台滑雪的装备 / 038

"男子汉的较量"一项源于北欧的运动 / 039

带你一起了解北欧两项 / 041

冰天雪地一样可以玩"冲浪" / 043

看懂单板滑雪有门道 / 045

看看单板滑雪的装备 / 049

不太"自由"的滑雪运动 / 050

自由式滑雪的项目各具特色 / 052

看看自由式滑雪的装备 / 056

现实版的"雪地枪战" / 057

看懂冬季两项并不难 / 059

看看冬季两项装备的特殊之处 / 062

滑雪登山，重返冬奥指日可待 / 063

滑雪达人亲身示范带你开启滑雪的正确模式 / 066

国际雪联十条滑雪安全准则 / 068

带你认识滑雪场所的标识与图案 / 070

③ 冬奥会冰雪项目——冰上篇

冰上运动的起源和发展 / 074

冰上一把"刀"，运动是个宝 / 075

这两项滑冰运动别再傻傻分不清 / 078

项目分类与比赛场地都有区别 / 080

比赛规则和方式各有不同 / 083

看看速度滑冰和短道速滑的装备 / 087

最美冰上运动不止是看颜值 / 089

了解一下花样滑冰的项目有哪些 / 091

花样滑冰项目之间有什么区别 / 093

花样滑冰技术动作主要有哪些 / 095

看看花样滑冰的装备 / 096

花样滑冰的比赛音乐如何要求 / 097

花样滑冰比赛完观众为何要扔玩具 / 097

没"两把刷子"还真玩不了 / 098

简单了解冰壶的玩法 / 100

带你熟悉冰壶的比赛场地和战术 / 101

看懂冰壶赢球的标准 / 103

冰壶运动员的"大喊大叫" / 104

看看冰壶的装备 / 106

唯一允许"打架"的运动就是那么火爆 / 107

看懂冰球，了解规则很重要 / 109

冰球的术语要明白 / 112

看看冰球的装备 / 114

冰球中的"打架"规则与潜规则 / 117

冰球比赛的受罚席有什么用 / 118

4 冬奥会冰雪项目——雪车雪橇篇

"雪上 F1"让你体会速度的极致　120
　　雪车比赛项目有哪些　　／122
　　雪车的比赛规则及装备要求　　／124

"躺着"和"趴着"都能赢的两项运动　125
　　带你快速了解钢架雪车　　／127
　　看懂雪橇并不难　　／130
　　看看雪车、钢架雪车、雪橇的赛道　　／133

5 冬奥会旅游地图

6 冬季残疾人奥林匹克运动会

　　冬季残奥会项目是如何设置的　　／161
　　中国冬季残奥会的奋斗历程　　／163

7 中国与冬奥会

　　那些年，我们参加过的冬奥会　　／167
　　筹办冬奥会，非常举措获点赞　　／172
　　北京冬奥会赛区巡礼　　／175
　　北京冬奥会筹备大事记　　／178
　　北京申办 2022 年冬奥会大事记　　／179

⑧ 冬奥文化

竟然还有这种操作！不在冬天也可以玩的冰雪运动 / 181

设计的精华——细数历届冬奥会海报 / 184

荣誉的象征——纵览历届冬奥会奖牌 / 188

萌物集合——盘点历届冬奥会吉祥物 / 193

参考文献　/ 200

1 认识一下冬季奥运会吧!

想不到，冬奥会原来是这样诞生的

冬季奥林匹克运动会简称冬季奥运会、冬奥会，冬奥会是国际奥林匹克委员会主办的世界性冬季项目运动会。

在现代奥运会发展之初，是没有夏季奥运会和冬季奥运会之分的，个别的冬季项目和夏季项目是在一起进行的。

冰雪运动的历史比大多数夏季奥运会项目更加悠久，由于气候上的特点，近、现代冰雪运动率先在欧美国家兴起。1908年4月举办的伦敦夏季奥运会首次搭建了人工冰场，并引入了花样滑冰比赛，这引起了人们极大的兴趣。到了1920年第七届比利时安特卫普夏季奥运会，除花样滑冰外，还增加了冰球比赛。

1921年，国际业余田径联合会布拉格会议期间，就单独举办冬季奥运会的问题正式提上了议程，并提出了相关方案。1922年，国际奥委会巴黎会议决定在1924年夏季奥运会前举办这类比赛，但避开了"奥运会"的字眼，称为"第八届奥林匹亚德体育周"。第八届奥运会的东道主是法国，因此，国际奥委会也将这个体育周委托法国承办，地址定在夏蒙尼。1925年国际奥委会决定体育周每四年与夏季奥运会同年举行，并追认1924年的"奥林匹亚德体育周"为第一届冬季奥林匹克运动会。

当时，冬季奥运会和夏季奥运会是同年在同一个国家举办的，但冰雪项目带来的人力物力需求给奥运会的准备工作增添了许多压力。到了1928年，冬季奥运会与夏季奥运会改为在不同国家举办。从1994年开始，冬季奥运会与夏季奥运会改为以2年为间隔交叉举行。

冬奥会以弘扬奥林匹克精神，推动人类文明，倡导和平、友谊与关爱，关心下一代，尊重大自然为宗旨和目标。自诞生起就表现出强大的生命力，它的深远影响是其他规模、层次和形式的冬季运动会无法比拟的。

冬奥会和夏奥会的区别有几方面

历史渊源不同

奥运会即奥林匹克运动会，当时指的就是夏季奥运会，其历史可以追溯至 2000 多年前的古希腊。因为各种原因，古代奥运会在停办了 1000 多年后，为了沿袭古代奥运会的精神，直到 1896 年，才在雅典举办了第一届具有现代意义的夏季奥运会。

冬奥会作为奥林匹克运动会的重要组成部分，开始于 1924 年，其历史到现在还不到 100 年。

规模和影响力不同

两个奥林匹克赛事虽然都在世界范围内举办，但就参与运动员数量、赛事项目和影响力来看，夏季奥运会要远超过冬季奥运会。就拿产生的金牌量来看，近 10 届夏季奥运会每届都会产生 300 枚左右的金牌，而冬季奥运会仅有 100 枚左右，从这一点上就可以看出夏季奥运会规模的巨大。

赛事项目不相同

夏奥会和冬奥会，一个着眼于夏季，一个着眼于冬季，两个不同季节所设定的赛事项目也不相同。例如，夏季奥运会的室外双人 10 米高台跳水项目就不可能出现在冬季奥运会中，那样会冻伤运动员；而冬季奥运会的室外滑雪项目显然也不适合夏季炎热的天气。两种世界级奥林匹克赛事，虽然项目完全不同，但是所追求的奥运精神是完全相同的。

届次计算方法不同

奥运会遵循奥运旧制，每 4 年就要增加一个届次，不管有没有真实举办过，只要过了 4 年就要增加一个届次。比如在两次世界大战中就有 3 届夏季奥运会未能真实举办，但是时间到了届次就要增加。

而冬季奥运会是根据实际举办的届数进行计算，举办了几届就是几届，没举办的就不算在内。

冬奥会项目是如何设置的

冬季运动项目通常分为：雪上项目和冰上项目两大类。

2022年北京冬奥会项目共设7个大项，15个分项，109个小项，比上届冬奥会新增了7个小项。

滑雪（55小项）

高山滑雪（11小项）：1936年，首次出现在第四届德国加米施-帕滕基兴冬奥会上，目前设有11个小项。

越野滑雪（12小项）：1924年，在第一届法国夏蒙尼冬奥会中被列为比赛项目，目前共有12个小项。

跳台滑雪（5小项）：1924年，在第一届法国夏蒙尼冬奥会中就成为比赛项目，目前共有4个小项，2022年北京冬奥会新增跳台滑雪混合团体1个小项。

北欧两项（3小项）：1924年，在第一届法国夏蒙尼冬奥会上正式出现，目前共有3个小项。

自由式滑雪（13小项）：1992年，在第十六届法国阿尔贝维尔冬奥会中被列为比赛项目，目前共有10个小项。2022年北京冬奥会新增男子自由式滑雪大跳台、女子自由式滑雪大跳台、自由式滑雪空中技巧混合团体3个小项。

单板滑雪（11小项）：1998年，在第十八届日本长野冬奥会中被列为比赛项目，目前共有10个小项，2022年北京冬奥会新增单板滑雪障碍追逐混合团体1个小项。

滑冰（28小项）

速度滑冰（14小项）：1924年、1960年，男、女速滑分别被纳入第一届法国夏蒙尼冬奥会和第八届美国斯阔谷冬奥会，目前共有14个小项。

短道速滑（9小项）：1992年，在第十六届法国阿尔贝维尔冬奥会中被列为比赛项目，目前共有8个小项，2022年北京冬奥会新增短道速滑混合团体接力1个小项。

花样滑冰（5小项）：1924年，在第一届法国夏蒙尼冬奥会中就成为比赛项目，目前共有5个小项。

冰球（2 小项）

　　1924 年，男子冰球在第一届法国夏蒙尼冬奥会中被列为比赛项目，女子冰球直到 1998 年第十八届日本长野冬奥会才划入冬奥会项目，目前共有 2 个小项。

冰壶（3 小项）

　　1998 年，在第十八届日本长野冬奥会中被列为比赛项目，目前共有 3 个小项。

雪车（6 小项）

　　雪车（4 小项）：1924 年，男子四人雪车在第一届法国夏蒙尼冬奥会上已列入冬奥会项目，目前共有 3 个小项，2022 年北京冬奥会新增女子单人雪车 1 个小项。

　　钢架雪车（2 小项）：1928 年和 1948 年在瑞士圣莫里茨冬奥会上进行的比赛，但因危险性较高，1948 年冬奥会之后，钢架雪车项目被取消。直到 2002 年第十九届美国盐湖城冬奥会才再度回归，成为冬奥会正式比赛项目，目前共有 2 个小项。

雪橇（4 小项）

　　1964 年，在第九届奥地利因斯布鲁克冬奥会中被列为正式项目，目前共有 4 个小项。

冬季两项（11 小项）

　　1960 年，在第八届美国斯阔谷冬奥会中男子冬季两项被列为比赛项目，1992 年增设女子项目，目前共有 11 个小项。

冰上运动与雪上运动有哪些不同

冬季体育运动分为冰上运动和雪上运动两大类。因为早期受条件所限，运动只能在寒冷结冰或有雪的冬天进行，所以称为冬季运动。随着人工制冷冰场和人造雪场的出现，冰雪运动已不只限于冬季进行。

冰上运动在天然或人工冰场上进行，雪上运动则在雪场上进行，这是两者最大的不同。不过随着科技的进步和社会发展，冰上项目已经可以在室内进行，不受季节、区域的限制，因此，冰上运动的普及和推广变得更加容易。

不过，雪上运动的运行条件仍然相对较为苛刻，至今有很多雪上项目要用人工造雪，必须在雪量充足的天然场地上进行，这也成为雪上项目独有的魅力。同时，场地的限制也在一定程度上造成了各地或各国雪上运动发展程度不同的现状，中国雪上项目发展的地区性不均衡和相对滞后于冰上项目的现状，也正因如此。

除此之外，由于开展运动的场地不同，冰上运动和雪上运动所需的器具也大不相同。冰上运动的运动员借助专用冰刀来滑行，而雪上运动则借助于滑雪板、雪橇、雪车等器材在雪地上滑行。

最后从项目设置上讲，冬奥会上设置的雪上运动的项目数量远高于冰上运动，这就是人们常说的"得雪上者得天下"的由来。

开启我们的冬奥之旅吧

我们初步了解了冬奥会的知识,

下面,我和嘟嘟就带领大家开启快乐的冬奥之旅吧。

整个过程我会通过现场讲解的方式,

把冬奥会相关知识轻松生动、简洁明了地讲给大家,

让大家了解冬奥,认识冰雪运动,

快速从小白变成冰雪运动达人!

冬奥会冰雪项目

通过前面的介绍，大家想必已经有了初步的认识——
冬奥会的运动项目，要么在冰上滑，要么在雪上滑，
只是使用的工具和竞赛规则不同。
值得注意的是**雪车和雪橇**这两项比赛，
虽然它们都是雪上运动，
但因为比赛时使用的不是滑雪板，
就不属于"滑雪"这个大项，要另设类别。

都说艺术来源于生活又高于生活，
冬奥会的比赛项目也是如此。
它们大多源于生活，脱胎于古人的冬季日常活动。
在崇山峻岭中上演"速度与激情"的**高山滑雪**，
最初就是人类原始的狩猎工具和交通方式；
像"007"一样把滑雪和射击结合在一起的**冬季两项**，
跟北欧民众冬季狩猎活动息息相关；
而让运动员腾空而起、惊险刺激的**跳台滑雪**，
起源竟然是古代北欧一种无比凶残的死刑！

虽然项目上没有夏季奥运会那样丰富多彩，
但冬奥会的运动也有自己的奇妙所在。
比如**冰壶**，
远远看去，好像几个人在石头前面擦地，
实际上，这是一项备受学霸们喜爱的烧脑运动。

进营、打摆、打甩、双飞、传击打球……
这一套专业术语，让人眼花缭乱。
而技战术的复杂，甚至可以单独出一本书，
其难度系数之高，以至于被称作"冰上国际象棋"。

还有**冰球**，
虽然体育赛事从来都不喜欢暴力，
但在某些时刻，冰球场上竟然允许"打架"。
在商业化程度较高的北美职业冰球联盟（NHL）中，
"打架"似乎成为了一件司空见惯的事情，
让人血脉偾张的单挑已经上升到"暴力美学"的高度。
当然，"打架"是不对的，冬奥会更不允许"打架"，
但是冰球的高对抗性，
也让它成为最有关注度的赛事。

看惯了足篮排球田径游泳，
冰天雪地里的运动更能让人耳目一新。
享受冰雪运动的力与美，
离不开冰雪运动的大众化、普及化。
认识冬奥、熟悉冬奥、助力冬奥，
就让我们翻开这一页，
走进美妙的冰雪运动吧……

简单介绍不过瘾吧！
且听我慢慢道来。

2　冬季冰雪运动项目——雪上篇

> 雪上竞技运动项目是运动员基本呈站立姿态，把滑雪板连接在靴底上并在雪地上进行速度、跳跃、技巧和滑行的竞赛运动。"立""板""雪""滑"是滑雪运动的关键要素。
>
> 雪上竞技运动发展到如今，项目在不断增多，领域在不断扩展。正规大赛项目的分项有高山滑雪、越野滑雪、跳台滑雪、北欧两项等。

滑雪究竟起源于何处

最早的滑雪出现于旧石器时代晚期，当时人们的生产条件还很落后，生活在寒冷地域的人们为了在冬季恶劣的自然环境中生存，发明了可以代替行走的滑雪器具，它的应用使得人们可以在浩瀚的雪后森林中任意驰骋、追寻猎物。

🚩 **起源地　中国新疆阿勒泰**

阿勒泰地区在新疆维吾尔自治区的最北部，有"人类滑雪起源地"之称。

2005年，一幅阿尔泰山古阿勒泰人脚踏滑雪板、手持单杆滑雪狩猎的岩画在阿勒泰市汗德尕特乡墩德布拉克被发现，多名专家学者从考古、草原文化和岩画角度推断，其年代属于旧时器时代晚期，距今约1万~3万年或更早，也就是说早在万年前，阿尔泰山周围的居民已进行滑雪活动。

2015年，中国阿勒泰国际古老滑雪文化交流研讨会开幕，来自挪威、瑞典、芬兰等国家的30余位滑雪历史研究专家、学者联名发表了《阿勒泰宣言》。中国人类滑雪

起源地研究首席专家单兆鉴、美国滑雪历史研究专家尼尔·拉尔森、挪威学者卡琳·博格共同用中、英文宣读该宣言。

从此，阿勒泰作为人类滑雪发源地这一观点得到国际上的公认。阿勒泰当地群众沿用至今的"毛皮滑雪板"，被认为是人类最古老的滑雪板。

链接 LINK

新中国首位滑雪冠军用13年力证：
滑雪运动起源于新疆阿勒泰

单兆鉴是新中国第一位全国滑雪冠军，从事滑雪运动及推广活动近70年。退役之后，他执着于探寻滑雪运动的历史，花费13年时间证明：

滑雪起源于新疆阿勒泰地区。

从事滑雪运动几十年，单兆鉴痴迷冰雪文化。到底是谁发明了滑雪呢？滑雪运动最早出现在哪里呢？外界很多人曾认为，世界上最早的滑雪运动出现在北欧，可是他有不同的看法。

早在1993年，单兆鉴就提出"滑雪的发祥地可能在中国新疆阿勒泰地区"，并开始了考察工作。2005年，单兆鉴的研究迎来了重大突破。那一年，单兆鉴在阿勒泰地区考察，他听一些牧民说，附近的岩洞里，有一幅岩画当中绘有众多动物，还有多个人物呈滑雪状进行狩猎的场景。单兆鉴认为，岩画中的人物基本是站立运动状态，脚下有延长物，手里还有一根杆，这符合滑雪的姿态要求。这些描绘人类滑雪内容的岩画作品出现于距今1万～3万年前，类似的滑雪狩猎岩画，阿勒泰地区还有多幅，这成了支持他观点的有力佐证。单兆鉴还发现，阿勒泰民间有关于滑雪狩猎的口传诗歌。

阿勒泰当地举行的古老毛皮滑雪板比赛

在 2005 年年底，单兆鉴就基本确认了中国新疆阿勒泰地区是人类滑雪的发源地。

2006 年年初，来自滑雪、考古、历史等不同领域的 7 名专家在阿勒泰参加了一场研讨会，此次研讨会虽然规模小，但意义非常重大。研讨之前，单兆鉴草拟了"阿勒泰地区是人类滑雪的发源地"的声明书，称为《阿勒泰宣言》。经 7 位专家反复研讨达成共识，在宣言书中签名认可，并予以发布，成为世界滑雪起源地研究的历史性文献。

单兆鉴为了证实这个结论，他翻阅了大量文字资料、观看相关视频资料，还收集了国外研究成果，最终经综合研究和分析，才得以确认。

2015 年，挪威、瑞典、芬兰等 18 国 30 余位滑雪历史研究专家联名发表《阿勒泰宣言》，认同阿勒泰地区是世界上最古老的滑雪地域，阿勒泰地区为人类滑雪最早起源地的说法广泛得到国际公认。

跨向历史的奖台，单兆鉴高高举起世界滑雪"历史文化研究终身成就奖"奖牌

国际滑雪历史协会 (ISHA) 于 2018 年 3 月 23 日，在美国加利福尼亚州 1960 年冬奥会的举办地——斯阔谷滑雪场举行了"世界历史滑雪日"活动，对在滑雪历史与文化方面有贡献的各国人士予以表彰。中国滑雪历史文化研究专家单兆鉴被授予最高奖项——世界滑雪历史文化研究"终身成就奖"，并称赞其为"中国滑雪先驱"。

这是中国获此殊荣的第一人。他领导了一场长期的滑雪考察研究革命，让世界认识到，与蒙古国、哈萨克斯坦和俄罗斯接壤的中国新疆阿勒泰地区，是世界滑雪的发源地。

为单兆鉴颁发终身成就奖

2019 年 4 月 28 日，在阿勒泰地区冬季旅游总结表彰暨夏季旅游动员会上，阿勒泰地区地委书记张岩为单兆鉴颁发阿勒泰中国雪都·人类滑雪起源地研究"终身成就奖"奖杯。这是中国首次在冰雪运动历史文化研究领域颁发的最高奖项。

发表获奖感言时，单兆鉴说："感谢阿勒泰人创造历史，一万多年前创造了滑雪文化，我们应该以此为骄傲，并共同去弘扬这一世界滑雪文化遗产。今天我站在阿勒泰滑雪起源地上接下这个奖杯，感到非常的亲切。感谢阿勒泰先民发明了最早的滑雪，才使我们今天

享受到传承的机会和幸福！"

目前，单兆鉴正为推进在北京冬奥会上宣传阿勒泰人类滑雪起源地而努力，希望北京冬奥会的开幕式或闭幕式中，能出现阿勒泰人踏着古老的毛皮滑雪板表演滑雪的场景。

雪上运动项目总览

从历史沿革的角度分为：原始滑雪、古代滑雪、近代滑雪、现代滑雪四个时期。

从功能的角度分为：实用滑雪、竞技滑雪、大众休闲滑雪、特殊滑雪四大类。

从项目的角度分为：高山滑雪、越野滑雪、跳台滑雪、北欧两项、自由式滑雪、单板滑雪以及冬季两项等。

高山滑雪

高山滑雪起源于欧洲阿尔卑斯山区，它将速度与技巧融合，运动员在滑行过程中左右盘旋，粗犷中不失美感。目前，该大项分为速度系列和技术系列，包括男女滑降、回转、大回转、超级大回转、全能（滑降/回转）。

越野滑雪

越野滑雪起源于北欧，又称北欧滑雪。越野滑雪以滑雪板和滑雪杖为工具，在丘陵起伏的山地沿规定线路竞速，它是滑雪运动的古老项目及基础项目，历史悠久，在第一届冬奥会就被列入竞赛项目。

跳台滑雪

跳台滑雪起源于挪威，要求参赛者身体前倾，与滑雪板尽量平行，充分降低阻力；飞行距离和落地动作的质量对最终得分起决定作用。这项运动视觉效果震撼，是参赛者勇敢、果断、沉着、机智的集中体现。

北欧两项

北欧两项由越野滑雪、跳台滑雪两项组成。斯堪的纳维亚半岛适于滑雪，虽因缺乏高山，高山滑雪不发达，但越野滑雪和跳台滑雪却得到较好发展，遂出现了既要求越野滑得快，又要求跳得远的北欧两项。

单板滑雪

单板滑雪起源于 20 世纪 60 年代中期的美国,又称"冬季冲浪"。

1998 年被列入冬奥会以来,设平行大回转、男女 U 型场地技巧、坡面障碍技巧、障碍追逐赛等 10 个项目。2022 年北京冬奥会新增单板滑雪障碍追逐混合团体小项。

自由式滑雪

20 世纪 60 年代,自由式滑雪应运而生。它在高山滑雪基础上发展而成,充分彰显了年轻人的个性。1971 年在美国新罕布什尔州举办了世界上第一次正式的自由式滑雪比赛。1992 年,自由式滑雪被列为冬奥会比赛项目。

冬季两项

冬季两项起源于斯堪的纳维亚半岛,由远古时代的滑雪狩猎演变而来。

冬季两项结合了滑雪和射击两种运动。运动员身背小口径步枪,每滑行一段距离就射击一次。滑雪部分要求速度和力量,射击部分要求精准和控制,选手要在最短时间内击中最多目标。

滑雪登山

滑雪登山是以雪山攀登综合技术为主,滑雪技术为辅的一项冬季山地户外运动项目。它要求参与者拥有极好的体能、高超的雪山攀登技术和滑雪基础。

国际滑雪登山联盟(ISMF)于2016年8月成为国际奥委会正式成员,并希望滑雪登山项目最终能够成为冬季奥运会的正式比赛项目。

2017年7月10日,国际滑雪登山联盟宣布,滑雪登山已经被列为2020年洛桑冬季青年奥林匹克运动会的正式比赛项目。

泰勒马克滑雪

泰勒马克(Telemark)滑雪目前在我国应该尚属小众,是只有一些发烧友级别的雪友听过的滑雪方式,而亲身参与到这项滑雪运动的人更是屈指可数。这项运动起源于1868年的挪威,由中国阿勒泰古老滑雪演化而来。它是一种保留至今最具有科学研究价值的古老的滑雪方式,它利用反复屈膝站起的方式完成回转,其雪鞋不是和固定器全部固定在一起的。

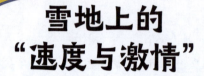

雪地上的"速度与激情"

奇奇,这座山好高啊。

从山上通下来的道路上,为什么还插着那么多红色和蓝色的旗子呢?

你看你看,他们滑行的速度好快啊!

他们咋还在旗子之间绕来绕去?

像赛车一样,看着好刺激啊!

高山滑雪又称阿尔卑斯滑雪。

运动员需要按照 S 形的路线从山上飞快地滑下来，

在不同垂直落差的冰状雪道上滑行，滑行过程中通过旗门来回盘旋，

速度可以达到每小时 90 ～ 140 千米呢！

它将滑行速度和技巧完美地结合在一起，

这需要选手们有坚强的意志和充沛的体力。

这项运动是**高山滑雪**

从 1936 年第四届冬奥会起高山滑雪被列为比赛项目。

高山滑雪盛行于阿尔卑斯地区，故又称阿尔卑斯滑雪，它由原始狩猎演变而来，并逐渐成为一种交通方式在欧洲流行开来。

随着这项运动的逐步发展，1907 年英国创立阿尔卑斯滑雪俱乐部，这是世界上第一个高山滑雪组织。英国人阿诺德·卢恩爵士和奥地利人海因斯·施奈德发明了现代高山滑雪比赛。1921 年，英国的伦恩在瑞士的慕伦组织了高山滑雪史上的首次回转和速降比赛。

带你认识一下高山滑雪

项目分类

高山滑雪分为男女各五项和一项混合团体赛。
- **男子项目**：滑降、回转、大回转、超级大回转、全能（滑降/回转）。
- **女子项目**：滑降、回转、大回转、超级大回转、全能（滑降/回转）。
- **混合项目**：男女混合团体赛。

项目介绍

滑降

滑降是所有项目当中线路最长、滑行速度最快的。速度达 90～140 千米/时，赛道落差在 800～1100 米。

赛道所用旗门由单一颜色组成，红、蓝、橘色即可。旗门由旗门布连接两根旗门杆组成，两个旗门为一组，运动员要在一组旗门中间滑过为有效滑行，如没在中间滑过属于漏门会取消成绩。滑降赛道需在雪面上喷洒导滑线。旗门作为比赛赛道的相关提示点，为参赛运动员起引导提示作用。

比赛按一次滑行成绩决出名次。选手在赛道上按规定设计的旗门线路滑行，正确通过规定的赛道关口后，按照到达终点线所用时间，由少到多的先后顺序决定最终排名。

回转

与滑降是截然不同的两种技术，回转运动会采用主动压杆技术来获得最短滑行路线，以提高比赛成绩。

比赛旗门可由单杆或双杆组成，红色和蓝色的旗门是交替插放的。在回转比赛中，必须布置多种旗门形式。

回转比赛采取两轮赛制。两轮比赛必须使用不同的赛道,并尽可能在同一天进行,两轮比赛成绩相加,用时最少者为获胜者。

回转项目的平均速度在 30 千米 / 时左右。

> **大回转**
>
> 技术介于超级大回转和回转之间,既要有超级大回转的滑行速度,又要有回转的过弯技术。比赛方法同回转,也是以两次滑行时间之和计分评定名次。滑行时碰倒旗杆不算犯规,漏门或骑杆过门则属犯规,不计成绩。如第 1 次滑行犯规,则失去第 2 次滑行机会。
>
> 旗门分红色和蓝色两种,沿线以红蓝两色旗交替组成多种门形,使运动员下滑时必须转弯方能通过旗门。其转弯速度设计为 15～29 米 / 秒,低于回转的转弯速度。

> **超级大回转**
>
> 超级大回转项目旗门为红蓝交替设置,线路介于滑降与大回转之间。与大回转相比,斜坡更为陡峭,但起滑点降低,门距更为宽阔,达到 25 米以上,与回转、大回转项目不同,仅通过一次滑行决定最终成绩。

> **全能**
>
> 全能比赛由滑降项目和回转项目组成。按照第 1 轮滑降项目比赛、第 2 轮回转项目比赛的顺序进行,合算滑降项目比赛与回转项目比赛的分数后,得出排名。

> **混合团体赛**
>
> 在 250～300 米的赛道上,使用大回转旗门进行的平行比赛(即两名选手同时出发)。旗门设置的间距比回转项目长,比大回转项目短。
>
> 每次比赛共有 16 个团体参加,每个团体 2 男、2 女,以淘汰赛的方式得出排名。

高山滑雪项目之间有何不同之处

高山滑雪比赛按照滑行的平均速度排列。各项目的平均速度从高到低依次为滑降—超级大回转—大回转—回转。

高山滑雪项目对比赛雪道的高度差、长度、宽度、旗门布局都有不同的要求。结合比赛雪道所在山坡的实际状况进行安全设计。四个单项即滑降、超级大回转、大回转、回转，其场地高度差、长度、旗门的宽度、旗门间的距离，都是依次降低的，但旗门的密度是依次增加的。

高山滑雪的全能及混合团体赛较单项比赛的场地要求偏低。

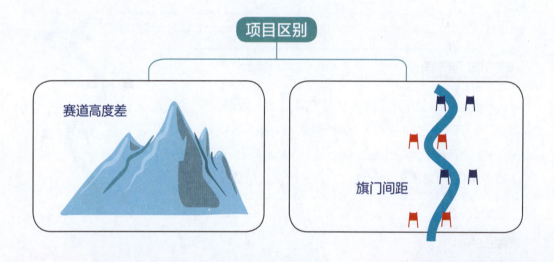

项目	高度差（男子）	高度差（女子）
滑降	800～1100 米	500～800 米
超级大回转	500～650 米	400～600 米
大回转	250～450 米	250～400 米
回转	180～220 米	140～200 米

项目	旗门间距
滑降	30 米左右
超级大回转	25 米左右
大回转	16 米左右
回转	75 厘米～13 米

在高山滑雪比赛中，运动员在滑下来的同时需要穿越设置在滑行路线上的一系列旗门，如果有运动员错过了一个旗门，那么他就必须回去重新穿越这个错过的旗门，否则将失去比赛资格。

看看高山滑雪的装备

滑雪服

滑雪服的概念很广,除滑雪专业竞赛服外,凡是基本能满足滑雪要求的服装都可称为滑雪服。通常专用滑雪服为上下分身款式的,由上衣与下裤两件组成,另有滑雪服是连体款式的,即上衣与下裤连在一起。

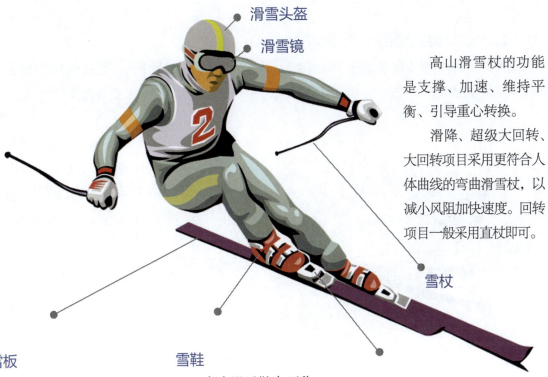

高山滑雪杖的功能是支撑、加速、维持平衡、引导重心转换。

滑降、超级大回转、大回转项目采用更符合人体曲线的弯曲滑雪杖,以减小风阻加快速度。回转项目一般采用直杖即可。

雪板

高山滑雪每个竞赛项目的雪板功能都不相同,不可互用。高山滑雪板的种类较多,由于功能及种类的不同,高山板间的档次及价位差别很大。初学者应根据指导者的建议,选择适合自己的雪板。

雪鞋

高山滑雪鞋也可称为滑雪靴。高山滑雪鞋对脚与踝部有固定、保护及保暖等作用。高山滑雪鞋档次及价值相差很大,初学者应根据指导者的建议,选择适合自己的雪鞋。

固定器

也称(脱离器)高山滑雪固定器,由金属材质制成。固定器的主要功能是起到滑雪板与滑雪鞋的连接及保护滑雪者人身安全。固定器由前、中、后三部分组成,雪耙放下时起到阻止雪板滑行作用。滑雪者可根据滑雪鞋的大小调整前后固定器的距离及相应强度。

小旗门大学问

旗门是一种滑雪设备的专业名称,它由旗门杆和旗门布组成。

高山滑雪是以速度取胜,运动员在滑行的时候连续通过不同类型的旗门。旗门的作用是用来标出运动员在比赛中要经过的路线。

项目不同,旗门设置也有差异。

为什么运动员要去碰那个旗子

你看到运动员触碰旗子滑行,那是因为运动员要在滑行过程中选择最短的行进路线,所以他们都是擦着旗子过去的。比赛并没有要求滑降过程中运动员必须要触碰旗门杆!

高山滑雪项目的速度很快,运动员在滑行过程中如果离杆太远,会延长路线而影响成绩,贴杆太近又容易撞上旗门。那怎么能在起到警示作用的同时,又减少对运动员的伤害?这就不得不说说旗门的巧妙设置了。

比赛所用的旗门,并不是简单插在雪地上的,而是需要用专门的钻头打孔。这样一方面让旗门固定得更结实,另一方面也要确保旗门在雪地上的高度达到要求。每根旗门杆全长2.1米,雪下部分30厘米,露出地面部分为1.8米。此外,旗门杆还有其他玄机,在靠近地面的部分是一段弹簧,当运动员撞上旗门时,弹簧杆会随撞击的力量而弯曲。如果旗门杆不是弹簧杆,运动员如此高速地冲撞上去,那画面简直不敢想像。

冬季里的"雪地马拉松"

奇奇,这里的景色真美啊!
厚厚的白雪像毛毯一样,
树上都挂满了晶莹的霜花。
你看,还有开心滑雪的朋友们,
是不是也来这里欣赏美景的啊?

你仔细看,这些朋友们可不是来看风景的,

他们在运用登山、滑降、转弯等技术动作,

在山丘雪原上不停地滑行,

越野滑雪是目前世界上最古老的运动项目之一!

你知道吗?它曾是北欧维京人在交通不便的时代运输物资的重要方式。

这是挑战人类耐力与速度极限的运动,

也因此有"雪地马拉松"的美称!

在1924年首届冬奥会上,越野滑雪被列为比赛项目。

这项运动是**越野滑雪**

这项运动起源于北欧,故又称北欧滑雪。1226年,挪威内战时,两名侦察兵怀藏两岁的国王哈康四世,通过滑雪翻越高山,摆脱了敌人的追击。直到现在,挪威每年都举行越野马拉松滑雪赛,距离35英里(1英里=1.6公里),与当年侦察兵所滑路程相同。

带你看懂越野滑雪

项目分类

- **男子项目**：越野滑雪双追逐（15公里传统式滑行+15公里自由式滑行）、越野滑雪个人短距离、越野滑雪团体短距离、越野滑雪4×10公里接力、个人计时赛（越野滑雪15公里）、越野滑雪50公里集体出发。
- **女子项目**：越野滑雪双追逐（7.5公里传统式滑行+7.5公里自由式滑行）、越野滑雪个人短距离、越野滑雪团体短距离、越野滑雪4×5公里接力、个人计时赛（越野滑雪10公里）、越野滑雪30公里集体出发。

除男女越野滑雪双追逐和接力项目外，其他男女项目所采取的滑行技术，均由每届赛委会安排决定。

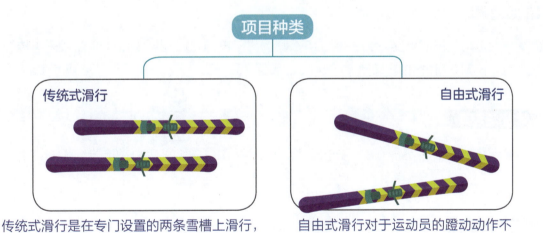

传统式滑行是在专门设置的两条雪槽上滑行，运动员通过双腿的前后摆动和雪杖撑动前进。

自由式滑行对于运动员的蹬动动作不作限制。

比赛要求

间隔出发（每次1人，间隔30秒）

运动员顺序由赛前抽签决定

比赛开始前,运动员的雪板由大会打上标记,到终点时要求至少有一支雪板留有标记,双板都更换者判为犯规,成绩无效。

单项比赛一般采用间隔单人出发。有时因场地条件限制,也可分成若干小组间隔出发或集体出发。运动员按赛前抽签决定的顺序佩戴号码布。出发前运动员双脚不能超过起点线,但雪板的前部和雪杖可超过起点线。

越野滑雪比赛运动员体力消耗巨大,终点冲刺竞争激烈,经常看到有人摔倒在地。但并不是每一次摔倒都是因为体力不支,它还会被用作撞线战术使用。

项目介绍

个人计时赛

运动员以 15～30 秒间隔出发,采用传统式或自由式滑行技巧。女子滑行 10 公里,男子滑行 15 公里。

双追逐

男女运动员同时出发,女子滑行 15 公里,男子滑行 30 公里。比赛的前半段采用传统式,后半段则采用自由式进行滑行。

个人短距离

短距离:即女子滑行 0.8～1.6 公里,男子滑行 1～1.8 公里,采用传统式或自由式滑行。

团体短距离

女子滑行 0.8～1.6 公里,男子滑行 1～1.8 公里,两名运动员在 3～6 个区间交替进行的短距离接力比赛。

集体出发

所有运动员同时出发,女子滑行 30 公里,男子

滑行50公里，采用传统式或自由式滑行。

接力赛

每队4名运动员，第1位、第2位运动员采用传统式滑行，第3位、第4位运动员采用自由式滑行。女子组共滑行20公里，每人滑行5公里，男子组共滑行40公里，每人滑行10公里。

比赛场地

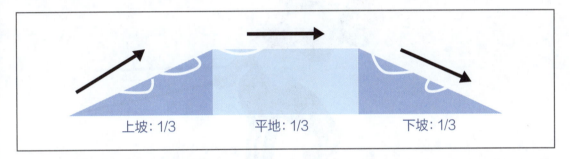

线路要尽量选择森林地带等多变地形，要保证雪质、雪量。线路宽度应达到4～5米，雪面要经过机械或人工捣固、踏压，厚度至少10厘米。最好在线路的一侧开有带雪辙的雪道，两条雪辙的内壁相距15～18厘米，雪辙深度至少2厘米，雪辙的宽度以雪板的固定器不撞击两侧雪壁为准。线路的着板雪面低于撑杖雪面2厘米或在同一高度上，线路的另一侧不开带有雪辙的雪道。线路应平坦、宽阔，其中上坡、平地和下坡各占1/3，全程要避免单调而过长的平地滑行、难度过大的急陡坡滑降以及连续较长距离的蹬行。比赛线路开始阶段要较易滑行，难度应出现在全程的3/4处。

在刚开始2～3公里不应出现难度极大的急陡坡，在终点前1公里内不应出现较长距离的滑降。线路中要避免有危险的斜滑降，同时要避开冰带、陡角和狭窄的地带。

看看越野滑雪的装备

越野滑雪的装备与我们常见的滑雪装备十分不同,相比来说更轻便一些,滑雪者只有雪鞋前端被固定在雪板上,脚跟并不接触雪板,这样的设置是为了方便脚跟随着滑雪者的步伐上下起伏。

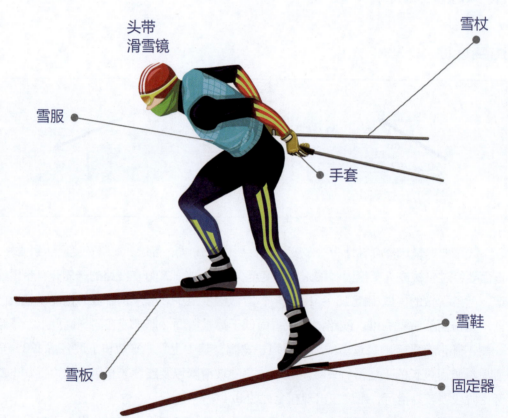

雪板分传统板和自由板,区别主要是在构造和长度上。

自由板:板身比较短,板尖比较小,底部光滑,需全部打滑蜡。

传统板:具有很明显的弓形弧线,滑行部分需要打滑蜡,中间蹬动部分需打防滑蜡。

自由式滑雪鞋:鞋帮应该高出踝骨,以形成一定的支撑,同时要保证踝关节能自如活动。

传统式滑雪鞋:人们通常穿鞋帮较低的鞋。这样既保证了有一定的支撑,同时也能让脚踝有最大的活动范围,从而可以做出理想的滑雪动作。

为什么越来越多的人爱上越野滑雪这项运动

越野滑雪这项运动，看起来似乎不够刺激、不够有快感，而且对体能要求非常高，国内民众似乎很少有人关注。其实，在欧美国家，越野滑雪堪称滑雪界的网红运动。为什么越野滑雪在国外超级流行呢？最主要的原因就是它贴近甚至是融入自然的特性。许多冬日里的美丽风景，只有通过越野滑雪这种运动方式才能亲身感受。

越野滑雪也是所有滑雪运动中，最为基础的一项。在越野滑雪的雪道上，初次尝试滑雪的你完全不用担心！越野滑道相对平坦，不用担心万有引力的过分偏爱。不同于高山滑雪，运动者在滑雪过程中主要依靠自己的力量，且在移动时允许脚跟自由移动以实现步行，相对容易控制，更加安全。

在装备方面，越野滑雪的雪板和高山滑雪的雪板没有太大差别，前者比后者更轻更窄。多穿几层衣服，背个背包，带上简单的食品和温水就可以。因此，即使是滑雪初学者也非常容易享受到这项运动中的乐趣。

除此之外，越野滑雪也是其他滑雪运动的基础，掌握了越野滑雪技能，再去研究其他滑雪方式，滑雪进阶绝对小意思。

越野滑雪能够让人们感受自然气息，可以惬意地一边滑行一边欣赏沿途美景。并且这项运动的入门门槛不高，适合各个年龄段和技术水平的人参与。可以说，这两点让越野滑雪成为冬季里一项非常好的有氧运动。

虽然越野滑雪是一项可以分享运动快乐的雪上项目，但对初学者来说，如何选择一个适合自己的越野滑雪目的地，也是很有学问的。最重要的是，要把自己本次越野滑雪的实际需求考虑得更加周详。

如果都准备好了，那么让我们带上雪板，向着旷野出发吧！

"死刑"竟成了一项运动

快看快看!

我平常在高处往下看都晕,

这些运动员却从那个高台上一下子就冲到天上了!

他们竟然飞起来了!

这也太帅了吧!

奇奇,为什么他们没有翅膀,

却能像老鹰一样飞上天空呢?

参加这种比赛时运动员不用雪杖,不借助任何外力,以自身体重从跳台的起滑台起滑,经助滑道获得高速后,从起滑台端一跃而起,身体前倾和滑雪板成锐角,两臂紧贴体侧,沿自然抛物线在空中滑翔,在着陆坡着陆后继续自然滑行到停止区。跳台滑雪实现了人类千百年来的梦想——飞翔。那种刺激和成就感是无与伦比的!

这项运动是跳合滑雪

在1924年首届冬奥会上,跳台滑雪被列为比赛项目。

嘟嘟,你知道吗,这项运动的由来非常残酷。

相传,古时的挪威统治者想出一种惩罚犯人的办法,就是把犯人两脚各缚一块雪板,将其从有雪的高山往下推,让他自行滑下,当通过断崖的凸处时,身体就会抛向空中再落到山下,没有摔死的就免罪。

让你快速看懂跳台滑雪

项目分类

· 单跳台滑雪个人标准台（男、女）、跳台滑雪男子个人大跳台、跳台滑雪男子团体、跳台滑雪混合团体（2022年北京冬奥会新增小项）。

跳台滑雪比赛只有最好成绩，而没有世界纪录。

因为跳台助滑道的角度及台端的仰起角度等不同，加上气温、湿度、风向、风力及雪质等自然条件的差异，跳台滑雪的场地状况也就随之变化。

项目介绍

助滑

助滑是为了在起跳端产生更快的初速度,以延长空中飞行距离的一种技术。上体前倾成流线型姿势,以最大限度地减小空气阻力。

起跳

起跳是整个技术动作的关键,起跳动作的好坏决定着运动员的成绩。掌握起跳的最佳时机是衡量运动员技术水平高低的主要标准。运动员顺着助滑道快速滑行,一般当雪板尖到达台端时立即起跳,上体向前伸展。

空中飞行

运动员只有保持大胆、沉着、稳定的心态并善于控制雪板和自身在空中飞行的姿势,才能获得理想的成绩。上身与雪板基本保持平行,两臂伸直贴放于身体两侧。

安全着陆

运动员着陆时应具有弹性和稳定性,着地后保持平衡姿势顺利滑到停止区,全部动作即算完成。

裁判评分

跳台滑雪得分包括飞行距离分和完成姿势分。

飞行距离分与跳台级别大小有关。跳台级别越大,分值越低。规则规定,K90 每米分值为 2 分,K120 每米分值为 1.8 分。运动员飞行距离达到 K 点,则为满分 60 分。K 点是着陆区评分坐标原点,此点根据跳台级别大小可调。

如果运动员的距离超过了 K 点,则将超过的米数乘以所跳台级每米的分值数,然后再加上 60 分,即为该运动员飞行距离得分。假如运动员飞行的距离达不到 K 点,则要将少于 K 点距离的米数乘以每米的分值数,再从 60 分中将其减掉,剩余分数即为该运动员飞行距离得分。

完成姿势分满分同样为 60 分。评分由 5 名裁判员进行，每名裁判员最高给分为 20 分，去掉一个最高分和一个最低分，然后将剩余 3 个分相加，即为运动员完成姿势分。

比赛规则

在冬奥会跳台滑雪标准台和大跳台比赛中，每个国家或地区每个项目限报 4 人，团体赛限报一个队，每个队 4 名运动员。比赛时，标准台比赛先进行，然后依次是大跳台男子个人赛和大跳台男子团体赛（1988 年男子团体赛被列入冬奥会）。标准台比赛后，一般会间隔 4 天，以便让运动员为大跳台比赛做准备。

每项比赛共进行资格赛和决赛两轮比赛，首轮按选手世界杯积分倒序或抽签排序出发，第二轮按上轮比赛得分倒序出发。

总分为两轮比赛的得分之和（团体比赛为 4 名运动员两轮比赛的所有得分之和），名次按分数高低决定。

> **个人赛**
>
> 须经过一轮资格赛，资格赛中前 40 名选手晋级决赛。决赛阶段有两轮试跳，第一次试跳成绩最好的 30 名进入最终决赛。
>
> **团体赛**
>
> 团体赛分为资格赛和决赛两个阶段。资格赛每队每人跳一次，每队共跳四次，成绩排名前八的队晋级决赛。团体赛决赛的出发顺序和个人赛相同，按照成绩从低到高顺序出发，最终总得分最高的队获胜。总分如果出现并列，则依次取消并列名次下面的名次。例如，如果出现两个队成绩并列第二名，那么就有两个第二名，但没有第三名。

比赛场地

跳台滑雪比赛中的跳台由助滑道、着陆区、停止区组成。平昌冬奥会标准台 K 点是 98 米（K-98），大跳台 K 点是 125 米（K-125）。

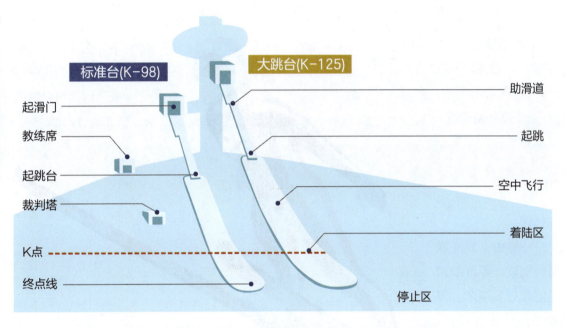

跳台示意图

看看跳台滑雪的装备

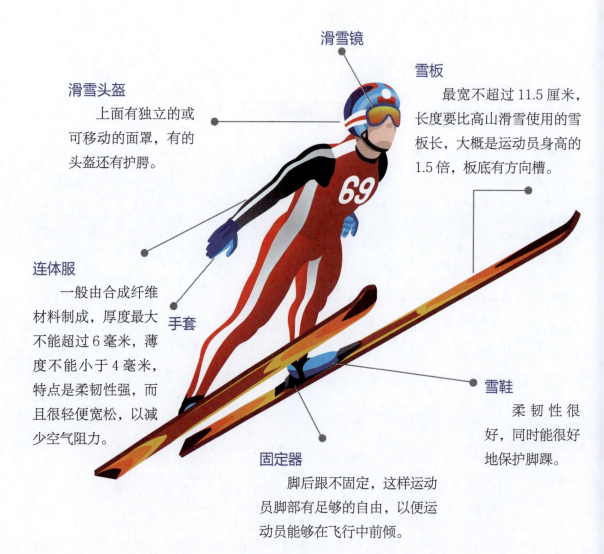

滑雪镜

雪板
最宽不超过 11.5 厘米，长度要比高山滑雪使用的雪板长，大概是运动员身高的 1.5 倍，板底有方向槽。

滑雪头盔
上面有独立的或可移动的面罩，有的头盔还有护腭。

连体服
一般由合成纤维材料制成，厚度最大不能超过 6 毫米，薄度不能小于 4 毫米，特点是柔韧性强，而且很轻便宽松，以减少空气阻力。

手套

雪鞋
柔韧性很好，同时能很好地保护脚踝。

固定器
脚后跟不固定，这样运动员脚部有足够的自由，以便运动员能够在飞行中前倾。

"男子汉的较量"
一项源于北欧的运动

好奇怪啊,

这里的运动员好像要同时参加两个项目,

跳得又高,滑得又快,

看着真过瘾啊!

咦,运动员为什么只有男生没有女生呢?

难道是因为这两项比赛太危险吗?

嘟嘟,有进步了,你能看出两项比赛了。

北欧两项要求运动员既要有快速越野滑行的能力,

又要有精确的身体姿态控制能力与跳跃能力,

绝对是一项考验胆量、技术和体力的项目。

它早在 1924 年首届冬奥会上就出现了。

不过,从那时起到现在,就一直没有设立过女子比赛,

是冬奥会上唯一一个只设男子比赛的项目,

被形容为"男子汉的较量"!

它是北欧几个国家的体育强项,故又称北欧全能。

在 1924 年首届冬奥会上,北欧两项被列为比赛项目。

这项运动是 北欧两项

北欧斯堪的纳维亚半岛地区冬季雪多,适于开展滑雪运动。但因缺乏阿尔卑斯山脉那样的高山,高山滑雪不够普及和发达,而越野滑雪和跳台滑雪却得到了较好的开展,于是出现了既要求越野滑得快,又要求跳台滑雪跳得远的北欧两项比赛项目,成为了北欧的传统优势项目。

带你一起了解北欧两项

项目分类

北欧两项由跳台滑雪和越野滑雪两部分组成。

项目介绍

标准台男子个人赛

运动员需同一天进行 90 米级高的跳台滑雪和 10 公里的越野滑雪中间相隔大约 1 个半小时到 2 个小时。在跳台滑雪比赛中,每位运动员跳一轮,以完成姿势分和飞行距离分计算运动员的总成绩。在赛事的当天,成绩最佳者将首个于起点出发,之后按名次出发,最早到达终点的为胜利者。

大跳台男子个人赛

跳台滑雪比赛和越野滑雪比赛在同一天进行,中间相隔大约 1 个半小时到 2 个小时。比赛当天先为跳台滑雪比赛,所有的运动员只有一次跳台的机会。然后进行越野滑雪比赛,以运动员跳台滑雪的成绩名次作为越野滑雪出发的先后次序,进行 10 公里的越野滑雪,最早到达终点的为胜利者。

> **大跳台男子团体赛**
>
> 　　团体比赛每队 4 名队员，依出场顺序分别佩戴红、绿、黄、蓝号码布，不可更改。先进行跳台滑雪比赛，后进行越野滑雪比赛。
>
> 　　越野滑雪接力赛第一位运动员的出发顺序和与下一名运动员的间隔时间由跳台滑雪团体总分决定，每落后 1 分，推迟 1.33 秒出发。
>
> 　　第二至第四名运动员在接力区等候，成功交接后再出发，第四名运动员到达终点的时间决定各团队名次，最早到者夺冠。

竞赛规则

　　北欧两项先比跳台滑雪再比越野滑雪，两项比赛在一天进行，中间相隔大约 1 个半小时到 2 小时，以利于运动员恢复体力。

　　比赛主要规则与跳台滑雪和越野滑雪单项比赛的规则相同，越野滑雪全部采用自由式滑行。

　　个人赛首先根据抽签或积分排名顺序进行跳台滑雪比赛，跳台滑雪的分数排名将成为选手们在越野滑雪比赛中的出发顺序。

　　选手每人跳一轮，以完成姿势分和飞行距离分计算出总得分，然后再进行越野滑雪。

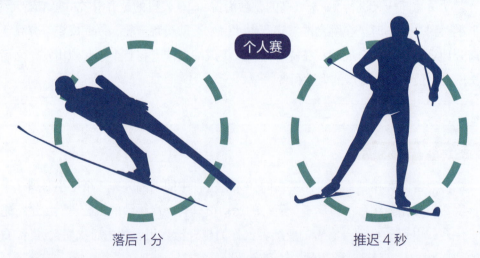

个人赛

落后 1 分　　　　推迟 4 秒

　　个人赛每落后 1 分，推迟 4 秒钟出发，按到达终点的先后排列名次。

　　在冬季项目中，北欧两项是对个人极限的挑战，一般人没有经过专业训练是不可能完成的，所以在冬奥会上参加这个项目的运动员都是身体素质极好的。

冰天雪地一样可以玩"冲浪"

奇奇,你看,

这些运动员用的板子好眼熟,

而且动作也很熟悉啊。

想起来了,我在夏天的海边看过,

在海上的冲浪运动就是这样!

可在雪地里玩"冲浪"的项目叫什么呢?

运动员只用一个滑雪板,通过脚进行力量和方向的传递,

在赛道上滑行、跨越障碍,做出各种漂亮的动作。

你知道吗?单板滑雪既有冲浪的自由洒脱,

又有驰骋雪海的刺激震撼,

因为自由、惊险、充满活力等特质已经风靡全球了!

一旦有过尝试,就会感受到,

如果世上没有了这项运动,那会是多么乏味。

这项运动是单板滑雪

1998年在长野冬奥会上,单板滑雪被列为正式比赛项目。

  这项运动源于20世纪60年代的美国,其产生确实与冲浪运动有关。1965年,美国人舍曼·波潘把两个滑雪板绑在一起,偶然中就创造了两脚踩踏在一整块板上的新型"滑雪板"。1981年,第一场单板滑雪正式比赛在美国科罗拉多举行,1990年成立了国际滑板滑雪联合会,1993年起举办世界锦标赛。

看懂单板滑雪有门道

单板滑雪可分为竞速类项目和评分类项目。

竞速类项目主要是指以速度快慢来决定名次先后。评分类项目是指根据运动员的技术表现，由裁判主观打分，以此决定成绩。

项目分类

- **男子项目**：单板滑雪平行大回转、单板滑雪障碍追逐、单板滑雪U型场地技巧、单板滑雪坡面障碍技巧、单板滑雪大跳台。
- **女子项目**：单板滑雪平行大回转、单板滑雪障碍追逐、单板滑雪U型场地技巧、单板滑雪坡面障碍技巧、单板滑雪大跳台。
- **混合项目**：单板滑雪障碍追逐混合团体，为2022年北京冬奥会新增小项。

竞速类项目：平行大回转、障碍追逐

平行回转 / 平行大回转

比赛分为红色旗门和蓝色旗门两条赛道，两条赛道的长度、坡度和旗门位置保持高度一致。

比赛分为预赛和决赛两个阶段。预赛包括资格赛（第一轮滑行）和淘汰赛（第二轮滑行），采取同时出发，各线路独立计时。决赛采用单次对抗滑行的比赛模式，决赛包括八分之一决赛、四分之一决赛、小决赛和大决赛。

选手使用 Alpine Board，板头部分略向上翘起，板腰较窄，板尾一般为平尾。大回转板和回转板根据长度划定。

决赛采用单次对抗滑行的比赛模式，出发顺序为：

出发顺序	对阵
第一组	第四名 VS 第十三名
第二组	第五名 VS 第十二名
第三组	第八名 VS 第九名
第四组	第一名 VS 第十六名
第五组	第二名 VS 第十五名
第六组	第七名 VS 第十名
第七组	第六名 VS 第十一名
第八组	第三名 VS 第十四名

注：预赛成绩优先者有选择雪道的权利。

障碍追逐

此项目惊险刺激并极具观赏性，赛道中包含月牙形坡面、波浪、小跳台等多种地形。赛道宽度由两侧三角形旗门来确定，通过蓝色画线来提醒运动员赛道起伏设置的变化。男子和女子比赛共用一条赛道。

障碍追逐赛由4～6名运动员组成1组（冬奥会绝大部分采用4人追逐形式）同时出发，以回转、跳跃的方式通过由多种起伏和障碍坡道组成的赛道。通常先进行2轮资格赛，按选手的用时进行排名。

男子前32名运动员和女子前16名运动员晋级决赛。决赛阶段，依然采取分组比赛形式，每组的前3名（每组6名运动员）或者前2名（每组4名运动员）晋级下一轮比赛。终点的名次由身体和雪板最先通过终点线的顺序决定的。

障碍追逐赛雪板采用Cross Board板，单向板头设计，高速时不抖，切雪稳定。

评分类项目：U 型场地技巧、大跳台、坡面障碍技巧

U 型场地技巧

U 型场地是一个半圆筒形坡道，运动员利用雪板在垂直区的滑行势能在坡道两侧腾空，做出高难的空中技巧动作。U 型场地用的雪板底部为弧形，灵活性好，易于控制和调整滑行姿态。

腾空高度
+
技术动作难度
+
运动员完成质量
+
成套完整性

评分规则：

1. 裁判员从腾空高度、技术动作难度、运动员完成质量和成套完整性四个方面对运动员进行评价。
2. 每套动作满分为 100 分。
3. 6 人制裁判组，去掉最高分和最低分后的平均分为运动员成绩。

竞赛规则：

1. 男子运动员 30 名、女子运动员 24 名。
2. 预赛两轮，第一轮男子前 6 名、女子前 3 名直接进入决赛，其余运动员通过第二轮比赛再次决出男子前 6 名、女子前 3 名进入决赛。
3. 决赛三轮，每名运动员按三轮中成绩最好的一轮成绩进行排名。

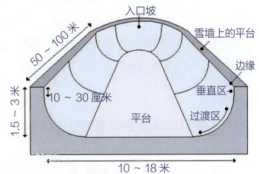

大跳台

评分规则：

1. 裁判员从腾空高度、技术动作难度和运动员完成质量三个方面对运动员进行评价。
2. 每套动作满分为 100 分。
3. 6 人制裁判组，去掉最高分和最低分后的平均分为运动员成绩。

竞赛规则：

1. 男子运动员 40 名、女子运动员 30 名（均需兼项坡面障碍技巧）。

2. 预赛两轮，第一轮男子前 5 名、女子前 3 名直接进入决赛，其余运动员通过第二轮比赛再次决出男子前 5 名、女子前 3 名进入决赛。

3. 决赛三轮，每名运动员按三轮中最好的两轮成绩之和进行排名。

腾空高度
+
技术动作难度
+
运动员完成质量

坡面障碍技巧

比赛中，运动员在高速通过赛道上的各种障碍时，做出飞行、跳跃、翻腾动作，展示自己高超的技巧和创意。每个赛道的设计都是独一无二的，参赛者还需要具备很强的随机应变能力。

在坡面跳跃段中，运动员则需要利用跳台腾空，做出多种转体动作，得到更多的技巧分。

腾空高度
+
技术动作难度
+
运动员完成质量

评分规则：

1. 裁判员从腾空高度、技术动作难度和运动员完成质量三个方面对运动员进行评价。

2. 每套动作满分为 100 分。

3. 6 人制裁判组，去掉最高分和最低分后的平均分为运动员成绩。

竞赛规则：

1. 男子运动员 40 名、女子运动员 30 名（均需兼项大跳台）。

2. 预赛两轮，第一轮男子前 5 名、女子前 3 名运动员直接进入决赛，其余运动员通过第二轮比赛再次决出男子前 5 名、女子前 3 名进入决赛。

3. 决赛三轮，每名运动员按三轮中成绩最好的两轮成绩之和进行排名。

看看单板滑雪的装备

雪板

滑雪单板的构造及滑行条件与高山滑雪板很相近,但所需技巧和装备不同。滑雪单板一般分为四类。

1. Alpine Board:板头部分略向上翘起,板腰较窄,板尾一般为平尾。大回转板和回转板根据长度划定,以参加不同比赛项目。

2. Freeride:偏向于滑行的全能板,板头有明显指向性,适合雪道及雪道外越野滑雪。

3. Freestyle:自由式板,是用于跳跃、旋转等方式的技巧滑雪板。

4. Cross Board:障碍追逐赛用板,单向板头设计,硬度大,高速切雪稳定。

雪鞋

单板的鞋分为软硬鞋两种。硬鞋同高山滑雪鞋非常相似(硬的外壳及柔软的内胆),今天几乎只用在少数竞技比赛中(平行类项目)。舒适轻便的软鞋在近些年中得以推广。

固定器

与双板滑雪最大的区别是单板的固定器是没有脱离设定的。硬鞋固定器依靠金属绑定结构与雪鞋固定,以求良好的力传导。软鞋固定器则利用齿条绑带系统与雪鞋固定,适度的旷量有利于技巧动作完成。

滑雪服装

同高山滑雪服一样,滑单板时的服装也要防水、防风、透气,并能保证身体活动自如。此外,还要用一些护具,如护膝、护肘、护腕、护臀等加以保护。同样,滑雪镜也是必不可少的。

其他器材装备

夹克、裤子、内衣、手套、帽子、头盔。

不太"自由"的滑雪运动

这个滑雪运动好像在表演杂技呀,

你知道吗?我平常最喜欢的电视节目就是杂技了,

你看他们滑起来之后,

在空中一会儿空翻、一会儿转体,

动作还真是潇洒呢!

与比拼速度的高山滑雪不同,

自由式滑雪的最大魅力,

就是能让我们欣赏到运动员们华丽的空中技巧!

比赛中选手们在斜坡上自由滑降,

需要通过表演空中技巧来比拼艺术性,

它还有一个更形象的名字——雪原上的杂技。

1992年在第16届冬奥会上,自由式滑雪被列为比赛项目。

这项运动是自由式滑雪

自由式滑雪始于20世纪60年代的美国,当时人们渴望自由的心理促使这项全新刺激的滑雪项目出现在人们面前。此项目最初只是将高山滑雪和杂技集于一身,后经过最近几十年的发展,变成了今天的样子。

1971年,在美国新罕布什尔州举行了世界上第一次正式的自由式滑雪比赛。

自由式滑雪的项目各具特色

项目分类

·**男子项目**：自由式滑雪空中技巧、自由式滑雪雪上技巧、自由式滑雪障碍追逐、自由式滑雪U型场地技巧、自由式滑雪坡面障碍技巧、自由式滑雪大跳台（为2022年北京冬奥会新增小项）。

·**女子项目**：自由式滑雪空中技巧、自由式滑雪雪上技巧、自由式滑雪障碍追逐、自由式滑雪U型场地技巧、自由式滑雪坡面障碍技巧、自由式滑雪大跳台（为2022年北京冬奥会新增小项）。

·**混合项目**：自由式滑雪空中技巧混合团体，为2022年北京冬奥会新增小项。

项目介绍

空中技巧

空中技巧项目被称为"雪原杂技"，这个技巧就类似于体操项目中的跳马比赛，要求选手在从起跳到落地的过程中展示高难度动作，评委根据选手的起跳动作、腾空动作及落地动作的难度分别打分。

运动员从70°的助滑坡快速出发，在经过U型的过渡区从跳台起跳，在空中完成各种空翻转体动作，随后在37°的着陆坡降落，经过缓冲后到达终点区。

评分标准：所有空中技巧项目均使用分段评分法。运动员的特技技巧将由下列三个基本要素予以裁判。

腾空　占得分的20%。

动作　占得分的50%。

着陆　占得分的30%。

评分程序：

每跳的分数乘以难度系数决定该跳的总分。运动员两次跳跃的最终得分由每跳总分相加决定，得分多者名次列前。

赛道设置

自由式滑雪场地由出发区（距离起跳区较远）、助滑道、过渡区一、跳台、过渡区二、着陆坡和终点区组成。

比赛极易受天气影响，场地专门设有三个风向标。

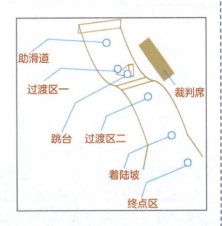

雪上技巧

在设置一系列雪包的陡坡赛道上进行回旋动作、空中动作以及滑降速度的比赛，包括单人雪上技巧和双人雪上技巧。

单人雪上技巧　　双人雪上技巧

赛道设置

雪上技巧场地长200～270米，宽15～25米，坡度为24°～32°。

评分：雪上技巧运动员的技术按下列三个基本要素评分。

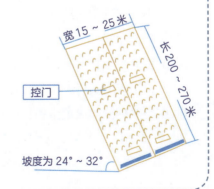

评分标准：

转动　占得分的60%。
腾空　占得分的20%。
速度　占得分的20%。

评分程序： 以回转动作和空中动作质量分以及计时成绩分相加评定名次，得分多者名次列前。

障碍追逐

障碍追逐是自由式滑雪中唯一的纯竞速项目。

自由式滑雪障碍追逐是4名选手在由各种地形地貌构成的赛道上追逐的比赛，按照通过终点线的选手顺序依次排名。

奥运会赛道规格为标高差130～250米，长1050米（±150米），平均倾斜度12°（±2°），斜坡宽40米，跑道宽6～16米。场地上设有旗门，旗门一般是红色和蓝色交替插放。

此项目用计时来确定运动员的名次，先到达终点者获胜。预选赛中两次计时分数合算后，选出男子前32名和女子前36名进入决赛，然后按排名将运动员每4人分为一组，每组前2名进入下一轮。

U型场地技巧

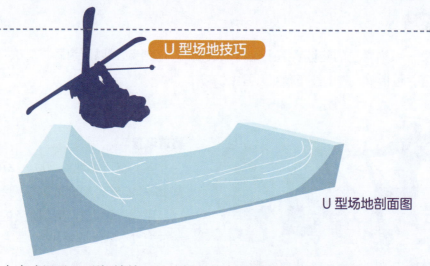

U型场地剖面图

自由式滑雪U型场地技巧是从倾斜的半圆筒形坡道往下滑，并展现跳跃、回转等空中技巧的项目。

5名裁判根据高度、回转、技巧、难度系数等综合给出整体表演分数，满分为100分，出现失误将被扣分，各裁判的平均分数即为最终分数。选手可进行两次表演，取其中更高的分数决定排名。

奥运会U型场地赛道规格为倾斜度17°～18°，长度不得小于150米，推荐长170米，半圆筒部宽19～22米，高6.7米。

大跳台

运动员从一个近 50 米高的斜坡上滑下,顺滑、倒滑都可以,然后在斜坡的尽头腾跃,完成空翻、转体、抓板等技术动作组合。

裁判员依据整体评价来对运动员的滑行表现进行评分。

坡面障碍技巧

坡面障碍技巧是在由铁轨、桌子、箱子、墙壁等各种器物及跳台构成的赛道上进行的比赛,选手在各种器物中选择一样,进行表演。5 名裁判根据高度、回转、技巧、难度系数等综合给出整体表演分数,满分为 100 分。5 名裁判的平均分数即为最终分数。选手可进行两次表演,取其中更高的分数决定排名。

根据场地设置要求,运动员完成比赛的时间不少于 20 秒。

此项目必须包括至少 6 个平台,含突起、轨道、桥梁等复杂赛道以及不少于 3 个跳台。

由于一个动作的失败会导致速度降低以至于无法完成后面的动作,因此在考验选手动作难度的同时,也着重强调选手的综合能力和稳定性。

看看自由式滑雪的装备

自由式滑雪装备包括滑雪板、滑雪杖、滑雪靴、滑雪服以及手套等。

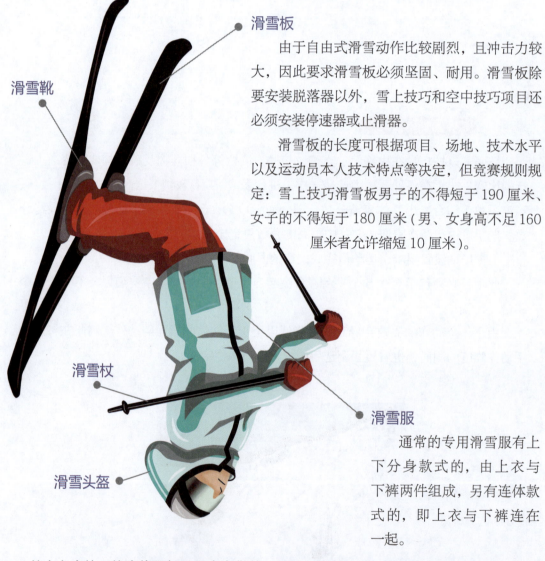

滑雪板

由于自由式滑雪动作比较剧烈，且冲击力较大，因此要求滑雪板必须坚固、耐用。滑雪板除要安装脱落器以外，雪上技巧和空中技巧项目还必须安装停速器或止滑器。

滑雪板的长度可根据项目、场地、技术水平以及运动员本人技术特点等决定，但竞赛规则规定：雪上技巧滑雪板男子的不得短于 190 厘米、女子的不得短于 180 厘米 (男、女身高不足 160 厘米者允许缩短 10 厘米)。

滑雪靴

滑雪杖

滑雪头盔

滑雪服

通常的专用滑雪服有上下分身款式的，由上衣与下裤两件组成，另有连体款式的，即上衣与下裤连在一起。

其中空中技巧的连体服都是量身定做的，裤腿下有弹力带，这样可以把运动员的裤子拉得更直。分身款式的裤子下也会有弹力带，但裤腿略短。雪上技巧的分体裤子要求宽松，膝盖处有一块拼接颜色区别裤子本色，方便裁判清晰看到运动员膝盖的动作。

现实版的"雪地枪战"

太帅了,太帅了!

这些运动员手持雪杖身背枪支,

一边滑雪一边射击,

我曾经在"007"系列和《林海雪原》电影中,

看到过如此场景……

简直太迷人了!

这是什么运动啊?我太喜欢了!

把越野滑雪和射击两种不同特点的竞赛项目，

结合在一起进行的比赛就是冬季两项。

欧美冰雪爱好者在冬奥会上最关注的就是这项运动。

冬季两项是由狩猎和军队训练演变而来的，

它要求运动员既有由动转静的能力，

也有由静转动的能力。

所以，嘟嘟，你觉得他们像特工也是有道理的。

1767年，守卫在挪威与瑞典边界的挪威边防军巡逻队，举办了一次滑雪和射击比赛，规定滑完全程，滑行途中用步枪射击40～50步远的靶标，成绩最优者可得到价值相当于20克朗的奖品。据记载，这是世界上最早的现代冬季两项比赛。

看懂冬季两项并不难

比赛环节

冬季两项是越野滑雪和射击相结合的运动，比赛中滑行方式采用自由式（蹬冰式），射击分为卧射和立射两种。

竞赛规则

立射时选手滑行至射击场，站在射击垫上，将雪杖放在地上才能射击，卧射时选手需将肘部支撑在地上射击。在个人项目和竞速赛中，选手可以选择靶位。在追逐赛中，率先抵达射击点的选手进入1号靶位，第二个到达的进入2号靶位，以此类推。

运动员身背专用小口径步枪，比赛时，运动员要脚穿滑雪板，手持雪杖，沿规定的赛道，按正确的方向和顺序滑完规定路线。每滑行一段距离进行一次射击，如果脱靶会有相应的惩罚。最终比赛结果根据到达时间和射击情况决定。

脱靶惩罚

比赛中运动员按照规定路线滑行，每滑行一段距离进入靶场，并采用立射或卧射姿势按规定数量射击，如脱靶则会被罚时间或罚圈。用时最短者获胜。

项目分类

- **男子项目**：冬季两项 15 公里集体出发、冬季两项 4×7.5 公里接力、冬季两项 10 公里短距离、冬季两项 20 公里个人、冬季两项 12.5 公里追逐。
- **女子项目**：冬季两项 12.5 公里集体出发、冬季两项 4×6 公里接力、冬季两项 7.5 公里短距离、冬季两项 15 公里个人、冬季两项 10 公里追逐。
- **混合项目**：冬季两项混合接力（女子 2×6 公里 + 男子 2×7.5 公里）。

项目介绍

个人

运动员以 30 秒或 1 分钟的间隔出发。

滑行中共进行 4 轮射击（每次射击 5 发子弹），射击顺序为卧射、立射、卧射、立射。射击时每脱靶一次，便会在运动员的最终滑行时间上加罚 1 分钟。

短距离

运动员以 30 秒或 1 分钟的间隔出发。

滑行中共进行 2 轮射击（每次射击 5 发子弹），射击顺序为卧射、立射。

短距离比赛中，射击时每脱靶一次，运动员须在 150 米长的惩罚赛道中加滑一圈。惩罚赛道滑行一圈需要 23～30 秒的时间。

追逐

出发顺序一般由短距离比赛结果决定。

追逐赛中女子要滑行 10 公里（5 圈，每圈 2 公里），男子滑行 12.5 公里（5 圈，每圈 2.5 公里）。所有运动员在比赛中 4 轮射击（每次射击 5 发子弹），射击顺序为卧射、卧射、立射、立射。射击时每脱靶一次，运动员须在 150 米长的惩罚赛道中加滑一圈。

集体出发

约 30 名选手参加比赛，根据出发信号同时出发。

滑行中共进行 4 轮射击（每次射击 5 发子弹），射击顺序为卧射、卧射、立射、立射。射击时每脱靶一次，运动员须在 150 米长的惩罚赛道中加滑一圈。

最先到达终点的运动员获得胜利。

接力

每队由 4 位运动员组成，运动员分别佩戴红、黄、绿、蓝的号码布。接力赛分为 3 个阶段：运动员在第一圈滑行后卧射，第二圈滑行后立射，第三圈滑行到达终点。每名运动员在完成自己的滑行任务后，在接力区用手接触下一位接力运动员身体的任何部位，下一位接力运动员将继续赛程。

男子组每人滑行 7.5 公里，女子组每人滑行 6 公里。

男子在滑行 2.5 公里后进行第 1 轮射击、5 公里后进行第 2 轮射击，女子则在滑行 2 公里、4 公里后进行射击。在接力赛中，运动员将获得 3 发备用子弹，如果使用备用子弹仍未射中目标靶时，与短距离赛一样，须在 150 米长的惩罚赛道加滑一圈。

混合接力

冬季两项混合接力赛由男女各两名运动员组成。

两名女选手各滑行 6 公里，两名男选手各滑行 7.5 公里，每人各自进行 2 轮射击。

各队的第一位运动员同时出发，出发顺序为女子、女子、男子、男子。

比赛方式与接力赛一致。

看看冬季两项装备的特殊之处

冬季两项有其他冰雪项目所没有的一项特殊装备——枪。

冬季两项运动员使用的枪支拥有 4 个弹夹，每个弹夹装 5 发子弹。使用特制运动长弹的 5.6 毫米小口径运动步枪。这些枪的弹道平直、精度很高，重量一般不超过 3.5 千克，是冬季两项运动员的宝贝疙瘩。

但这些枪却不能一直陪在运动员身边。因为具有特殊性，运动步枪平时都存放在有专业人员看守的枪库里，运动员只有在训练和比赛时才能拿到它们，比赛结束后要迅速交还。

滑雪冠军教你使用
冬季两项装备

冬季两项比赛是一个名副其实的"技术活"，喜欢冰雪运动与射击运动相结合比赛的观众千万不可错过。

链接 LINK

滑雪登山，重返冬奥指日可待

与滑雪达人一起来
体验滑雪登山吧

滑雪登山在我国是一项新兴的冰雪户外运动项目，而在欧美国家，特别是阿尔卑斯山区和比利牛斯山区周边国家已经开展得十分广泛，且历史悠久，曾经是1924年、1928年、1936年、1948年冬奥会的比赛项目。

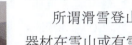

所谓滑雪登山，就是使用特制的滑雪器材在雪山或有雪覆盖的山地上攀登并下滑，它是一种包括了极限滑雪、高山速降、越野滑雪和雪山攀登技术的综合性冰雪户外运动项目，是登山运动和滑雪运动的有机结合。滑雪登山要求参与者拥有极好的体能、高超的滑雪和登山技能以及较好的心理素质。

滑雪登山具有两大显著特点：一是在自然山地、雪地上进行的运动，亲近自然界；二是特别的 AT 雪板，它的使用、操作能起到挑战自我和突显个性的作用，这些特点对现代人具有极大的吸引力。滑雪登山运动通过十几年的国际大赛推动和悠久的历史发展以及它本身的魅力，吸引了越来越多的参与者和参赛者，同时也得到了国际奥委会的高度认同，已经被增设为2020年洛桑青年冬季奥运会正式比赛项目。国际滑雪登山联盟正在向国际奥委会积极申请，争取能让滑雪登山早日重回冬奥会的大家庭。

其实早在20世纪初，滑雪登山运动的前身——军事巡逻曾是冬奥会最具观赏性的项目之一，可惜后来由于某些原因而退出冬奥会。

军事巡逻是一项冬季团体运动项目，运动员需要进行越野滑雪、滑雪登山以及步枪射击三方面的比拼。时至今日，我们仍能在冬奥赛场上看到由越野滑雪和步枪射击两项运动相结合的冬季两项，但是滑雪登山却已经不在奥运比赛项目之列了。

项目介绍

短距离赛

运动员在 3～5 分钟的赛程或距离为 70～120 米爬升的规定赛道上进行比赛。途中需要攀爬（穿着贴有止滑带的雪板）、背板行进（背着雪板爬坡）、下滑（利用雪板）。成绩好的选手进入下一轮比赛，直至进入总决赛。

个人越野赛

个人越野赛是集体起跑，运动员在没有任何外界援助的情况下完成比赛。整个线路通常需要经过 3～5 个 800～3000 米的爬升和下滑。

垂直竞速赛

垂直竞速赛是单一的攀登项目，单独比赛集体出发，通常包括 400～800 米的爬升，比赛线路中没有下滑路段。这个项目在近十年间广泛出现在滑雪登山比赛中。

接力赛

接力赛的线路与短距离赛的线路相似，但长度是短距离赛线路的两倍。它通常出现在锦标赛赛事中。

除了上述项目，还有一些比赛也会设团队赛、长距离赛。

项目装备

雪板

单板和双板都可以用于滑雪登山。单板滑雪登山时从上升到下滑的转换较费时费力。双板滑雪登山时可根据地形选择不同重量和宽窄的雪板。竞技比赛用的都是碳纤维材料的超轻雪板。登雪山和滑野雪时可以选用更重和更宽的雪板。

背包

在比较陡峭的路段和岩石地形，需要把雪板固定在背包上，背板行进，包上有专门固定雪板的卡扣和带子。

止滑带

止滑带是在雪面攀登时固定在雪板下面增加摩擦力防止打滑的皮子，常用的固定方式是用钩子或弹性带子挂在板子前端的凹槽里。

雪鞋

雪鞋要根据固定器的固定方式来选择，竞技款的雪鞋更轻便，硬度相对低。

固定器

滑雪登山的固定器要求在攀登时，只用固定器的前端来固定雪鞋，固定器后端要与雪鞋脱离。

服装

通常要有保暖层和防风层，竞技比赛要求穿连体服。

头盔

由于攀登时会出汗，所以滑雪登山项目的头盔要相对轻便和透气。

滑雪达人亲身示范带你开启滑雪的正确模式

滑雪运动从功能的角度可分为实用滑雪、竞技滑雪和大众休闲滑雪。实用滑雪在当代许多场合中已被现代机械设备所代替；竞技滑雪的种类不断扩大、革新，有明显的商业色彩；大众休闲滑雪是适应现代社会生活、文化需求而发展起来的，是现代人所喜爱的运动之一。

大众滑雪运动让你远离城市的喧嚣和污染，置身于雪山峻岭间，与大自然紧密接触，有利于增加耐寒能力、预防疾病、强健体魄，有利于陶冶情操、锻炼坚强的意志，在大自然中得以健身、清脑、洗肺、净化心灵。

虽然滑雪的益处这么多，但对于初学者来说专业性的指导仍是非常必要的，下面让滑雪达人带你开启正确学习滑雪的模式。

滑雪装备及使用方法

滑雪作为一项时尚的体育运动，因气候与环境的特殊性，需要配备特有的装备。由于滑雪运动的项目种类不同，选择的服装与装备也不同。

拥有一套合适的装备不仅使初学者能更快地学会滑雪，而且也可以增加安全保障。如何学会选择装备，滑雪达人通过教学视频的现场讲解与展示，让你不出家门就能得到专业指点。

滑雪达人教你正确选择雪具

滑雪前的准备活动

初学滑雪时，基本常识必须了解。相对而言，滑雪是一项入门比较困难的运动，而且是一项具有挑战性的体育项目，滑雪前做充分的准备活动非常重要，可以避免初学者不必要的损伤。

滑雪前的准备活动不可少

滑雪基本知识

首先，学习滑雪应该了解一些滑雪的基础知识与术语。其次，熟悉雪场地形、滑雪道等。

另外，雪场收费、天气状况、交通状况也需要了解。

乘坐索道与进入雪场有讲究

滑雪者安全与行为规则

滑雪运动具有一定的危险性，滑雪中发生的事故，多为滑雪者自行跌倒或互相撞碰而致，有不可预见性，属意外伤害事故。但每位滑雪者仍要对自己的行为及其所使用的装备给本人或他人所造成的伤害负责。滑雪达人在视频中会告诉你如何遵守滑雪者的安全与行为规则。

滑雪基本技术

随着滑雪运动的普及，滑雪技巧对于不同阶段学习滑雪的人有着不同要求。初学者该从哪入手开始学起呢？应从穿戴雪具、站立姿势、行走、简单滑行、停止等基础开始！扫码观看视频，会让各位初学者掌握一些滑雪的基本技巧，这将有助于大家减少受伤的可能。

双板与单板滑雪技术（真人演示）

滑雪中常见的伤害与预防措施

滑雪作为一项充满速度与激情的运动，已经成为大众追逐向往的体育项目之一。然而，滑雪运动是一项高风险运动，在体验运动快乐的同时，更要注意安全。

如何预防意外，以及出现意外情况应该采取什么样的措施，初学者一定要掌握。

滑雪时的安全摔倒与保护（真人演示）

国际雪联十条滑雪安全准则

滑雪安全准则
真人演练

良好的滑雪行为规范和为滑雪道上的其他滑雪者着想是一个被滑雪者普遍接受的观念。但是为了倡导安全行为，以及防止事故的发生，国际雪联制定了如下规范。对此，大家应该像对待交通规则一样重视、遵守。

1. 尊重原则

无论双板还是单板滑雪者，都应该遵循以下行为准则：绝不做出将会损伤或致使他人受伤的行为。

2. 自控原则

无论双板还是单板滑雪者，都应当让自己的滑行处于可控范围之内。其滑行速度和方式应当和其个人滑雪水平相符，并且应根据地势、雪质、天气和雪场人口密度来选择以何种方式滑行。

3. 选择安全线路原则

后方滑雪者务必要选择不危及前方滑雪者的线路滑行（前方滑雪者有雪道使用的优先权）。

4. 超车原则

从后方或侧方超越其他滑雪者时，请保持足够距离。

5. 进入雪道、启动、爬坡原则

当滑雪中途稍作休息重新开始，或者向坡上攀爬时，务必保证不危及到自己及其他人的安全。

6. 停止地点原则

除非必须，滑雪者应避免停留在雪道中间、赛道、狭窄的雪道、视线易受阻的地方，若经过上述地点，请尽快通过。

7. 两侧行走原则

如需在雪道上行走时，请务必在雪道两侧。

8. 注意警示标识原则

请滑雪者务必对信号牌、指示牌和指示物保持足够的重视。

9. 协助原则

一旦遇见事故，每个滑雪者都有义务去帮助受伤的人。

10. 事故确定身份原则

事故后的滑雪者或者目击者，无论是否有相关责任，都应该彼此留下联系方式。

带你认识滑雪场所的标识与图案

是不是很拉风？是不是很刺激？

认识一下滑雪场所的标识与图案，做好准备工作也是非常有必要的！

1. 高山滑雪和单板滑雪道等级标识

高级滑雪道：黑色线条（直线或曲线）

中级滑雪道：蓝色线条（直线或曲线）

初级滑雪道：绿色线条（直线或曲线）

2. 部分提示（注意）标识、禁止标识、危险标识

编号001 37厘米×37厘米停车场	编号002 37厘米×37厘米紧急求助电话	编号003 37厘米×37厘米办理手续	编号004 37厘米×37厘米吊箱缆车	编号005 37厘米×37厘米大型缆车	编号006 37厘米×37厘米有轨缆车
编号007 37厘米×37厘米越野滑雪传统技术	编号008 37厘米×37厘米越野滑雪自由技术	编号009 37厘米×37厘米单人吊椅	编号010 37厘米×37厘米双人吊椅	编号011 37厘米×37厘米三人吊椅	编号012 37厘米×37厘米四人吊椅
编号013 37厘米×37厘米杆式拖牵	编号014 37厘米×37厘米儿童在外侧	编号015 37厘米×37厘米履带式索道	编号016 直径45厘米径直向前	编号017 直径45厘米径直向左	编号018 直径45厘米径直向右

2　冬季冰雪运动项目——雪上篇

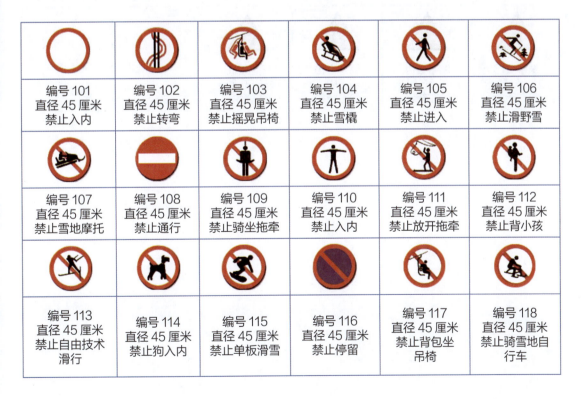

编号 119 直径 45 厘米 此处禁止上下拖牵	编号 120 直径 45 厘米 禁止吸烟	编号 121 直径 45 厘米 禁止背小孩乘拖牵			

编号 201 边长 56 厘米 危险	编号 202 边长 56 厘米 注意压雪车	编号 203 边长 56 厘米 注意雪道狭窄	编号 204 边长 56 厘米 注意雪道交叉	编号 205 边长 56 厘米 小心裂缝	编号 206 边长 56 厘米 小心悬崖
编号 207 边长 56 厘米 注意造雪车	编号 208 边长 56 厘米 注意拖牵陡坡	编号 209 边长 56 厘米 注意雪地摩托	编号 210 边长 56 厘米 注意雪崩	编号 211 边长 56 厘米 注意右侧交汇	编号 212 边长 56 厘米 注意左侧交汇
编号 213 边长 56 厘米 向右转弯	编号 214 边长 56 厘米 向左转弯	编号 215 边长 56 厘米 向右急转	编号 216 边长 56 厘米 向左急转		

3 冬奥会冰雪项目——冰上篇

> 冰上运动是人们借助冰刀或其他器材在冰面上进行的一种运动，正式比赛在人工滑冰场上进行。它主要包括速度滑冰、短道速度滑冰、花样滑冰、冰球和冰壶等。通常，人们所提及的滑冰运动是指速度滑冰、短道速度滑冰和花样滑冰。

冰上运动的起源和发展

起源

最早的冰上运动可追溯到新石器时代。据考证，冰上运动起源于荷兰。当时人们以木制的爬犁作为冰面上的运输工具，后来用更易于滑行的兽骨替代了木头作为滑行工具。荷兰人用皮带将两头钻孔并打磨光滑后的马骨绑在鞋上，借助手杖支撑滑行，这就是人类最原始的冰上滑行工具——骨制冰刀。不仅在荷兰，在11~12世纪瑞士、英国和斯堪的纳维亚半岛的一些国家的早期文献中，也有关于将兽骨绑在脚上滑行于冰面的记载。虽然这些活动在当时只是一种游戏或简单的工作方式，但却为现代冰上运动的形成奠定了基础。

发展

大约在公元1250年，荷兰人发明了铁制冰刀，随后于1572年苏格兰人制造了第一副全铁质冰刀。因为这种冰刀比兽骨绑在鞋上滑行快很多，所以很快盛行于欧洲的其他国家。随着社会的发展和人们文化生活水平的不断提高，冰上运动从娱乐到竞技不断发展而形成了项目繁多的现代冰上运动，而且各项目的规则日趋完善，技术也愈加完美。

目前，速度滑冰、短道速度滑冰、花样滑冰、冰球和冰壶已被列为冬奥会项目。正式比赛在人工滑冰场上进行。现代奥运会上第一个出现的冰上运动项目是花样滑冰，是第一个冬季运动项目。1924年在法国夏蒙尼举行的第一届冬季奥运会上，花样滑冰和冰上舞蹈成为了奥运会的正式项目。

冰上一把"刀",运动是个宝

早在新石器时代,人类就开始琢磨着滑冰这件事儿了。

当皑皑冰雪覆盖大地,生活在北欧的人们就开始思考着如何能快捷地在冰天雪地中穿行,最初他们以木头制成的爬犁作为冰面上的运输工具,这确实省了不少气力,但没过多久,木头的弊端就显现了出来:不好控制、不够光滑、很容易摔倒。于是,人们开始寻找木头的替代品。很快,兽骨进入了人们的视线。

荷兰人将马骨磨成光滑的底面,并在马骨上钻出小孔,将皮带穿过小孔像鞋带一样彼此缠绕,利用皮带将马骨固定在脚上。那时候,人们穿着骨制冰刀可不像现在滑得这么游刃有余,他们都是协同"作战",好几个人同时站在由皮绳子捆绑在一起的骨头上,大家每人手里都拿着一根长长的棍子,一起努力滑动这个巨大的骨头"冰鞋"。

右图中就是人类最原始的冰上滑行工具——骨制冰刀。这看上去无比简陋的骨制冰刀就是如今冰上运动员们脚穿冰刀的雏形,它为后来冰刀的发展奠定了基础。

看上去有些简陋的骨制冰刀

大约在公元 1250 年,不满足于使用骨制冰刀的荷兰人开始探索有关冰刀更多的领域,他们发明了铁制冰刀,这种冰刀比绑在鞋上的兽骨滑行速度快了很多,而且易于操控,那些用于支撑的长木棍统统可以丢掉,只需要轻轻一蹬,就可以在冰面上滑行。1572 年铁质冰刀迅速盛行于整个欧洲。随着滑冰器材的不断改良,滑冰技术也不断成熟。进入 18 世纪,冰场也由室外改到了室内,各种比赛项目的规则也不断完善,现代滑冰运动得以普及,越来越受到大家的欢迎。

早期的铁质冰刀

花样滑冰冰刀的诞生

从19世纪中叶开始,花样滑冰进入了快速发展期。尽管这一时期出现了许多花样滑冰运动的重要人物,但有两个人的名字却永远载入了世界花样滑冰运动发展的史册——一位是费城的布什内尔(Bushnell),一位是杰克逊·海恩斯(Jackson Haines)。

布什内尔于1850年制造了一副新的钢质冰刀,取代了1572年苏格兰人制造的铁质冰刀。1863年,被誉为"现代花滑之父"的美国人杰克逊·海恩斯将滑冰运动与舞蹈艺术融为一体,在欧洲巡回表演,丰富了花样滑冰的内容和形式。

1868年,美国的丹尼尔·梅伊和乔治·梅伊首次表演了双人滑,将花样滑冰推广到了全世界,最终成为冬奥会上最具观赏性的一个比赛项目。

花样滑冰的兴起得益于冰刀的进步,并极大地促进了花样滑冰运动的发展。

和速滑冰刀不同,花样滑冰的冰刀刀刃比较短,而且在前端有刀齿,刀齿可以帮助运动员跳跃和旋转,增加与冰面的摩擦力。

冰刀进化史

随着冬奥会比赛项目的细化,冰刀也开始了多样化的发展。除了上面说到的具有特殊刀齿的花样滑冰冰刀外,速度滑冰冰刀、短道速滑冰刀以及冰球球刀也都渐渐发生了变化。

速度滑冰冰刀的刀体长,刀刃弧度小,刀刃和冰面接触面积大,转弯半径大,适于大跑道长距离滑行。相对于短道速滑,速度滑冰冰鞋的鞋帮较低,更好地保证了踝关节的灵活性。这是因为速度滑冰场场地较大,弯道半径大，故没有短道速滑弯道的离心力大，但是速度滑冰场的直道较长，滑行者需要更灵活地移动重心来保证直道部分的滑行速度。

短道速滑冰刀的刀体短，刀刃弧度大，和冰面接触面积相对小，转弯半径小，适于短跑道的滑行。它的冰鞋鞋帮较高，支撑性较好，但是灵活性稍差。这是因为短道速滑场地较小，弯道半径小，故滑行过程中离心力较大，为了保证弯道高速滑行，弯道滑行时需要更大的倾倒角度，所以对踝关节的稳定性要求很高。

和花样滑冰冰刀相似的是冰球冰刀，冰球冰刀的鞋头很硬，鞋腰较高，鞋帮很厚，它的刀体很短，具有较大的弧度，以便于运动员在冰面上灵活地移动及改变滑行方向等。

这两项滑冰运动别再傻傻分不清

你看他们的动作，

多像我们小时候玩的打呲溜滑儿呀！

咦，怎么有两个项目的滑法这么像，

这我怎么能分清楚呢？

估计大家也会有这样的疑问，

赶紧去问问奇奇找答案啦！

嗯，可能有这个疑问的人不在少数，

其实这两个运动是两个完全不同的项目。

这两项运动分别叫作速度滑冰和短道速滑，

无论从器材、场地还是规则，两者都是不同的！

很多不太了解冬奥会项目的观众，

很容易被这两个字面上相似的项目名称搞得晕头转向。

男、女速滑分别于1924年、1960年被列为冬奥会比赛项目。短道速滑于1992年被列为冬奥会比赛项目。

从俗称上来说，速度滑冰被称为"大道"，而短道速滑则被称为"短道"。不论是"大道"还是"短道"，都是按逆时针方向滑行，这样可迎合大多数人的身体平衡，向左也就是逆时针方向转弯比较容易。1912年国际田径联合会成立之际，就把赛跑的方向统一定为以左手为内侧，即左转弯，列入田径运动规则。速度滑冰和短道速滑也遵循了这条规则。

项目分类与比赛场地都有区别

项目分类

- **短道速滑**：短道速滑就像环法自行车赛，除了比速度，还有战术哟！
- **速度滑冰**：速度滑冰就像是田径场上的百米飞人大战，比的是绝对速度。

速度滑冰

男子项目：速度滑冰500米、速度滑冰1000米、速度滑冰1500米、速度滑冰5000米、速度滑冰10000米、速度滑冰团体追逐、速度滑冰集体出发。

女子项目：速度滑冰500米、速度滑冰1000米、速度滑冰1500米、速度滑冰3000米、速度滑冰5000米、速度滑冰团体追逐、速度滑冰集体出发。

> 60千米/时

短道速滑

男子项目：短道速滑500米、短道速滑1000米、短道速滑1500米、短道速滑5000米接力。

女子项目：短道速滑500米、短道速滑1000米、短道速滑1500米、短道速滑3000米接力。

混合项目：短道速滑混合团体接力。此为2022年北京冬奥会新增小项。

比赛场地

速度滑冰

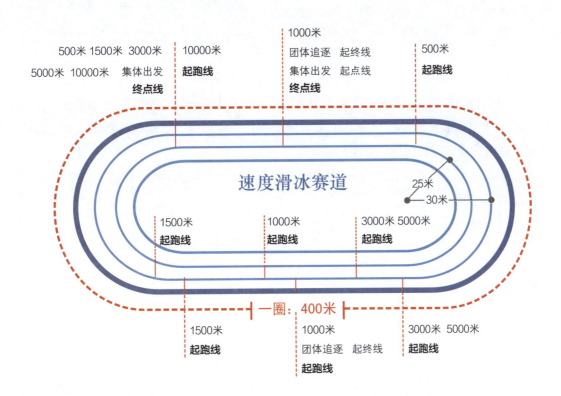

标准跑道最大周长为 400 米,最小为 333.33 米;内弯道半径为 25~30 米,每条跑道宽 5 米(最窄 4 米)。

短道速滑

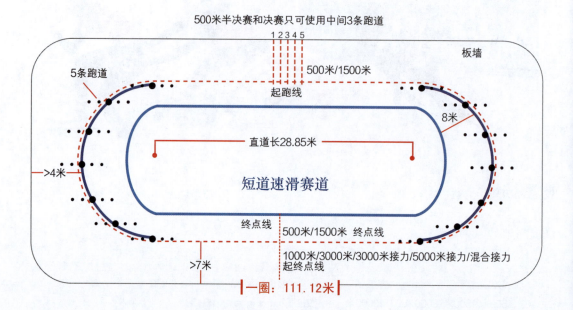

　　场地周长 111.12 米，直道宽不小于 7 米，弯道半径 8 米，弯道弧顶距板墙不得少于 4 米，直道长 28.85 米。起跑线和终点线与直道成直角并为彩色线，宽度不超过 2 厘米。

　　场地两端弧形弯道处各摆放 7 个黑色橡胶块作为标志线，运动员不得滑入标志线内。直道区则没有标志线，可以任意滑行。

　　共 5 条跑道，运动员每滑完一组向同一方向移动一次跑道，确保赛道的长度不变，保证冰面的平整度。

比赛规则和方式各有不同

速度滑冰

速度滑冰的比赛每组有两名运动员参赛，抽签决定各自道次。内道的运动员需佩戴白色臂章，外道的运动员则需佩戴红色臂章。为了保证两人的滑行总距离相同，每滑一圈过后两位运动员在交换区互换内外道位置，排名以最终的滑行时间决定。

集体出发比赛，场地不分内外道。运动员从同一区域出发，每排最多站6人，每排间隔不小于1米。出发的位置通过抽签或挑选种子选手确定。

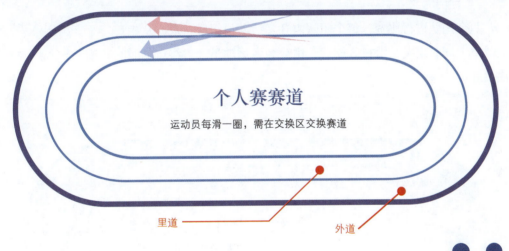

个人赛赛道
运动员每滑一圈，需在交换区交换赛道

里道　　外道

个人赛

两条赛道中，内道起跑的运动员，滑行到交换区时须换到外道滑跑，外道运动员则须换到内道。

换道时，为了避免运动员冲撞，外道运动员拥有换道优先权，如运动员在换道时发生冲撞，则判内道运动员失去比赛资格。

2人一组比赛

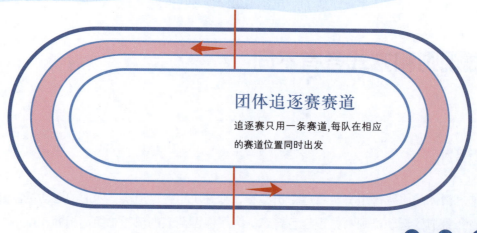

团体追逐赛

每队由3人组成

两个团队进行比赛,每个团队由3名运动员组成,双方从相反的滑道上同时出发,滑行8圈后,由第3名运动员通过终点的时间决出胜负。

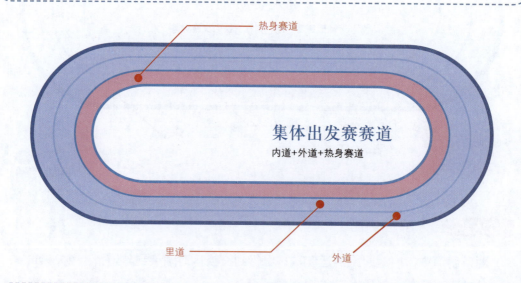

集体出发赛

集体出发赛取消了个人赛赛道中内道、外道之分,将热身赛道也加入赛道范围,在比赛赛道上12～18名运动员同时出发竞争名次。

短道速滑

短道速滑比赛采用淘汰制，以预赛、次赛、半决赛、决赛的比赛方式进行。4～7名运动员在一条起跑线上同时起跑出发。按最新规则规定，预赛站位通过抽签决定，之后的比赛按照上一轮比赛的成绩确定站位，成绩好的站内道。比赛途中在不违反规则的前提下运动员可以随时超越对手。

个人赛

短距离项目（500米）4～5人，中长距离项目（1000米、1500米）5～7人，运动员在一条起跑线上同时起跑出发，由抽签决定站位。比赛沿逆时针方向滑跑，在不违反规则的前提下运动员可以随时超越对手。

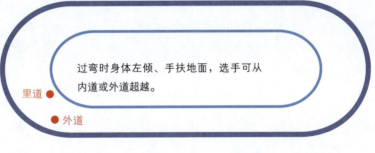

4～7名运动员

过弯时身体左倾、手扶地面，选手可从内道或外道超越。

里道　　外道

接力赛

每队4人

接力比赛（女子3000米、男子5000米）各队报名5人，4人上场比赛、1人为替补。各队上场的4人每人必须要滑行至少一次，接力时采用接触方式。除最后2圈，运动员可在任何时间交接，无固定接力区，运动员一般滑行1.5圈后交接给下一名队友。最后2圈必须由一名运动员滑行。最后3圈时将鸣枪示意。如果有运动员在最后2圈滑行时摔倒，该运动员可被同队队员接替。

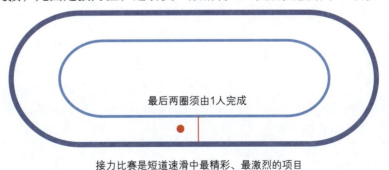

最后两圈须由1人完成

接力比赛是短道速滑中最精彩、最激烈的项目

男女混合接力赛

每队4人

混合接力（2000米）每队由男女各两名运动员上场参赛，每人滑行2次，按规定在接力区内接替。女选手先滑，男选手后滑，共滑行两个回合。

第一回合：女选手为第1、2棒，男选手为第3、4棒，每人滑行2.5圈，依次交接。

第二回合：女选手为第1、2棒，男选手为第3、4棒，每人滑行2圈，最先冲过终点线的队伍获胜。

看看速度滑冰和短道速滑的装备

速度滑冰

速滑运动员穿紧身全连服（衣、裤、帽、袜、手套连在一起）。

因有些比赛在室外举行，在温度较低的气候条件下，运动员需穿贴身的棉毛内衣。天气奇寒时则应在膝、胸等部位垫上防风纸或其他物品。做准备活动时，冰鞋要套上保温性能较好的鞋套，以防脚冻伤。练习时要穿保暖服，裤子两侧有拉锁，以方便穿脱。

速度滑冰冰刀刀体一般很长，整体像一条直线，刀刃窄且平，刀刃弧度小，蹬冰面积大，摩擦阻力小，鞋腰矮以便于降低身体重心，减少空气阻力。

速度滑冰的冰刀只有一个固定点，只有前点与冰鞋固定连接，后点与冰鞋不固定，是"拖鞋式"。这种结构既延长了蹬冰距离，又提高了滑行速度。

短道速滑

头盔
短道速滑安全头盔应符合现行的美国材料实验学会（ASTM）标准。头盔必须是一个规则的形状，不能有突起。

手套
耐切割手套、皮革制成的连指手套或不含羊毛的合成材料手套。

护腿
防割、防扎耐用材料的护腿。

长袖长裤连身服
防切割，重量约1.5千克，符合一般3级防护性能。国际滑联赛事和冬奥会中，同一参赛队伍的所有运动员（个人赛和接力赛）必须统一着装。比赛服两小腿外侧显示参赛队的名称或正式缩写。

护膝
带有软垫的硬壳护膝

冰刀
冰刀管必须是封闭的，刀根必须是圆弧形。最小半径为10毫米（相当于5角钱硬币的圆弧）。冰刀最少有两点固定在鞋上，没有可动的部分。

护颈和护踝
护颈和护踝的主要作用是保护运动员的颈部和踝关节部分，它们都由防切割、防刺穿的材料制作而成。

3 冬奥会冰雪项目——冰上篇

> 最美冰上运动
> 不止是看颜值

奇奇，你快看，

那个女生是《冰雪奇缘》里的艾莎公主吗？

穿着淡蓝色的裙子，好美啊！

她在冰面上滑行、旋转、跳跃，

动作轻盈就像在施展魔法一样！

这可不是在拍电影哟,

你看,运动员穿着脚底装有冰刀的冰鞋,靠自身力量在冰上滑行,

伴随优美的音乐表演着优美的舞蹈,

由裁判组评估打分、排出名次。

花样滑冰把滑冰和舞蹈融为一体,给观众带来美的感受,

它可是被称为"冰上芭蕾"的呦!

这项运动是**花样滑冰**

在1924年冬奥会上,花样滑冰被列为比赛项目。

  花样滑冰起源于18世纪的英国,后在德国、美国、加拿大等欧美国家迅速开展。

  从19世纪中叶开始,世界花样滑冰进入了快速发展期。1863年,被誉为"现代花滑之父"的美国人杰克逊·海恩斯将滑冰运动与舞蹈艺术融为一体,在欧洲巡回表演,丰富了花样滑冰的内容和形式。1868年,美国的丹尼尔·梅伊和乔治·梅伊首次表演了双人滑。花样滑冰经过一系列的发展登上了世界舞台,最终成为冬奥会最具观赏性的一个比赛项目。

了解一下花样滑冰的项目有哪些

项目分类

花样滑冰在冬奥会的正式比赛项目一共分为3大类、4小项，分别是男、女个人参加的花样滑冰单人滑，男女一组进行比赛的冰上舞蹈以及双人滑。

冬奥会比赛中还有团体比拼这一项，即将男女单人滑、双人滑、冰上舞蹈等分数进行合计，决出排名（团体比赛一般是第一个比赛的项目）。

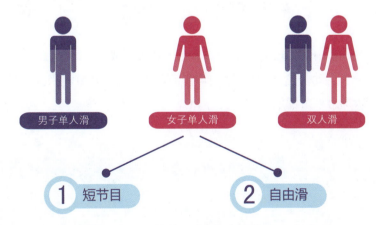

男子单人滑、女子单人滑、双人滑均为两部分：短节目、自由滑。

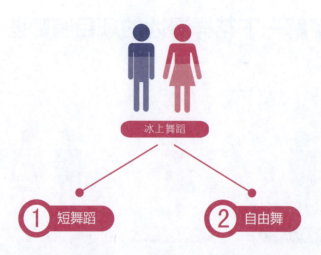

冰上舞蹈的比赛目前包括两套动作，一套是当年指定的采用一种国际标准舞节奏的创编舞（短舞蹈），另一套是选手自己选择的自由舞。

评分标准

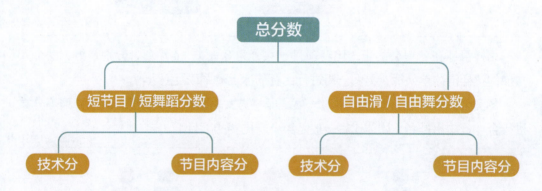

运动员的总得分是由每阶段的技术分和节目内容分构成。

要想获得高分，运动员需通过加大动作难度及提高完成质量等来提升技术分，通过节目编排和音乐表达等水平来增加节目内容分。

花样滑冰项目之间有什么区别

单人滑

- 分为男子组与女子组
- 比赛分短节目和自由滑
- 在短节目中,技术动作要素必须包括跳跃、旋转、接续步

短节目时间:2分40秒(±10秒)

男子自由滑时间:成年组4分钟(±10秒)

女子自由滑时间:4分钟(±10秒)

三大类项目中,单人滑对跳跃的要求最高,因此单人滑通常代表了选手能达到的最高跳跃难度。

双人滑

- 由一男一女组成一组
- 比赛分短节目和自由滑
- 该项目中,男女可表演同样的单人滑动作或双人滑特有的动作,如抛跳(男选手抛掷女选手助其跳跃的动作)、托举(男选手将女选手托起后在空中做一系列技术的动作)、双人旋转(两位选手同时绕一个共同轴心旋转的动作)、螺旋线(男选手成为轴心,女选手围绕男选手旋转的动作)、捻转等。

短节目时间:2分40秒(±10秒)

自由滑时间:成年组4分钟(±10秒)

冰上舞蹈

- 由一男一女组成一组
- 冰上舞蹈包括图案舞、韵律舞、自由舞
- 两名选手在近距离紧扣音乐节拍表演复杂多样的步法。表演间,双方不得分开超过5秒;托举时,男选手不得将女选手高举过头超过3秒以上。

规定舞:固定音乐

韵律舞时间:2分50秒(±10秒)

自由舞时间:成年组4分钟(±10秒)

冰上舞蹈与双人滑的主要区别在于:冰上舞蹈的技术动作不包括跳跃和旋转,托举亦不能过肩。两名选手在近距离保持国际标准舞造型的同时,要紧扣音乐节拍表演复杂多样的步法。

团体比赛

将男子单人滑、女子单人滑、双人滑、冰上舞蹈4个小项的分数进行合计,决出排名的比赛。

比赛场地

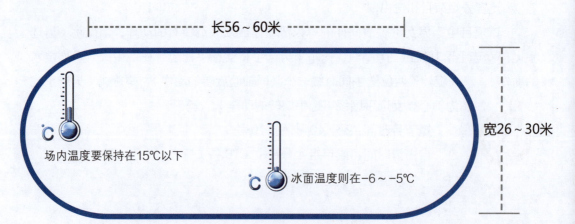

花样滑冰的场地是长56~60米、宽26~30米、厚5.5厘米的冰面,场地四边边角呈弧形。另外,场内的温度要保持在15℃以下,冰面的温度则在-6~-5℃。

花样滑冰技术动作主要有哪些

跳跃

跳跃是花样滑冰最重要的动作要素之一。它要求选手跳到空中，迅速转体，在完成至少一次旋转后落冰。跳跃按照选手起跳与落冰的方式与空中旋转的周数分为多种。它们可以归为两个大类：点冰跳与刀刃跳。

跳跃可以单独完成，也可以组合完成或连续完成。

旋转

旋转是绝大多数花样滑冰比赛的必选动作要素，四个奥运会项目都对旋转有着要求。花样滑冰包括三种基本旋转姿态：蹲踞式旋转、燕式旋转和直立旋转。由这三种姿态，又可以变化出许多姿态。

旋转可以单独完成一种，也可以连续完成多种（联合旋转）。

步法及转体

花样滑冰全部四个奥运会项目都把接续步列入必选技术动作要素。接续步包含燕式步、转体、步法、小跳和变刃。此外，步法和转体还可以作为技术动作要素之间的衔接。

托举

托举是双人滑和冰上舞蹈的必选技术动作。双人滑的托举与冰上舞蹈的托举区别在于，冰舞托举的高度不能过肩。

捻转托举（常简称为"捻转"）是双人滑的一种托举方式。

双人滑还包括螺旋线、抛跳等动作。

看看花样滑冰的装备

冰刀

花样滑冰比赛中使用的冰刀，每只都有内外刃，两个刀刃必须锐利，所有冰刀横断面的厚度必须统一，冰刀的形状和长度可根据实际情况稍有不同。

服装

运动员服装必须庄重、典雅并适合体育比赛，不得使用过分鲜艳和戏剧性的装饰物，但服装可以反映音乐的风格特点。

根据比赛规则服装不能过分裸露，男选手必须穿长裤。在冰上舞蹈项目中，女子必须穿裙子（在公告中允许穿长裤的除外）。不允许使用附加物和道具。服装上的装饰必须是不可拆卸的，部分服装或装饰物遗落在冰面上将受到扣分处罚。

花样滑冰的比赛音乐如何要求

花样滑冰比赛的音乐由选手自己选择,时长控制在每个项目的规定时间内。用于播放的音乐盘上必须标明运行时间,每个节目需要单独使用一个光盘,此外还需要有备用光盘。

音乐允许使用带歌词的音乐,选手在比赛时需要与所选音乐协调配合。此外,无论是在训练馆或是比赛时,音乐的音量水平都不能超过 85~90 分贝。

花样滑冰比赛完观众为何要扔玩具

在花样滑冰比赛上,最特殊的一个"欢呼"环节是扔玩具,这是花样滑冰的一个特殊礼仪,最初是"扔礼物"。为表达支持和喜欢某位或某对选手,观众会在赛后向冰面抛礼物和鲜花。

为不影响下一个选手比赛,观众所扔的鲜花和礼物要用透明纸包装严密,礼物最好是柔软的。久而久之,毛绒玩具就成为了扔礼物环节的首选。有魅力的选手往往会收到从观众席四面八方飞来的毛绒玩具。谁收到的最多,他的人气就最高。

一般来说,花样滑冰比赛外场都有毛绒玩具出售,比赛特意选拔的冰童,也是为了在选手比完之后为之收集毛绒玩具的。

没"两把刷子"还真玩不了

奇奇，我又看不懂了。

先是一个人扔出一个像石头似的东西，还带着个把手，

接着有两个人踩着奇怪的步伐，

在那儿吭哧吭哧地努力擦地，

难道他们也像我平常一样为了让地面干净？

而且他们为什么要大喊大叫的，

这是什么情况呀？

嘟嘟，你知道吗？冰壶是备受学霸喜爱的烧脑运动。

它的技术要求非常细腻、精准，

不仅需要精细的战术计划，

还需要运动员具备遇事冷静沉着的性格特点，

展现的是静动之美和取与舍的智慧。

所以它被称为"冰上国际象棋"，

规则和战术的复杂程度可以说是冬奥会项目之最了！

在1998年冬奥会上，冰壶被列为比赛项目。

这项运动是 冰壶

　　冰壶被称为冰上溜石。起源于苏格兰，现存有上刻1511年字样的砥石。14世纪苏格兰流行在冰上进行一种类似地滚球的游戏。16世纪开始出现冰上溜石比赛。1795年苏格兰成立了世界上第一个冰上溜石俱乐部。1807年传入加拿大，1820年起在美国等地流行。1838年苏格兰冰上溜石俱乐部制定了第一个竞赛规则。

　　20世纪初，冰上溜石在加拿大广泛开展，1927年举行首次全国冰上溜石比赛，60年代先后在瑞典、挪威、瑞士、法国、联邦德国、丹麦以及意大利等国家广泛开展。

简单了解冰壶的玩法

项目分类

- 冰壶项目：包括男子冰壶、女子冰壶、混合双人和混合（两男两女）冰壶。

竞赛规则

两支4人队伍进行比赛

简单来说，比赛时设置两支队伍，每队4个人，每支队伍都有8只冰壶，一共16只冰壶，每队每名队员每局都有2次投壶机会，按一垒→二垒→三垒→四垒的顺序，两队交替投掷，直到把16只冰壶投完。

所有人投完一局之后，就要根据它的位置计算得分。然后再反复10局之后，根据累积得分的多少判断输赢。如果平分，则要加局或以投点球（每队选任意选手向营垒投一只壶，比较距离圆心远近）方式决出胜负。和射击类比赛统计环数不一样，这项比赛只统计某一队中，比对方所有冰壶都更靠近中心的有几只，比赛时间约2小时30分。

在冰壶比赛中，运动员需要不断刷冰

在甲队队员掷球时，由甲方队员手持冰刷在冰壶滑行的前方快速左右擦刷冰面。同时乙方队员为使冰壶远离圆心，当甲方冰壶接触到营垒T线（与圆心相交垂直于中线的一条线）时也可在冰壶的前面擦刷冰面。

用冰刷擦刷冰面使冰面温度升高，造成冰面融化，在冰场表面形成一层水膜，从而减小摩擦力。之所以这样做，一是使冰壶滑行得更远，二是可以微调冰壶的前行轨迹，就是改变方向。

带你熟悉冰壶的比赛场地和战术

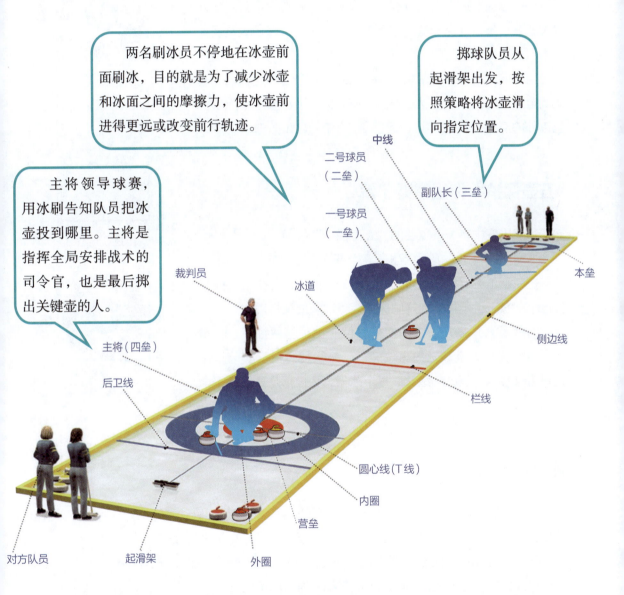

冰壶标准场地长44.5米，宽5米，冬奥会赛场设四条赛道。为减小冰壶与冰面的摩擦力，比赛前要在冰面上均匀喷洒水珠，形成点状麻面。

冰道的两端各画一个半径为1.83米的圆圈，称为大本营。当其中一端作为球员的发球区时，被称作本垒。冰道的另一端也有一个大本营，被称为营垒。

自由防守区很关键

一条冰壶赛道在两端各有一个大本营，两端大本营的前方也都各有一条线，当一端大本营被设为本垒时，这条线是规定投壶队员冰壶出手时的"前掷线"。

当一端大本营作为营垒时，这条线与营垒远端底线以及两条侧边线之间的区域，就是投壶的有效区，而有效区中除去营垒以外的部分，就是冰壶比赛中兵家必争的自由防守区。

"五壶保护"你也需要了解

冰壶比赛中有一条重要的"五壶保护"规则。

即两队共投出的前五只冰壶，如果位于自由防守区内不碰触营垒，则不可被打成死球，一旦防守区内的占位壶被"挤"，接触了营垒，就不再受到规则保护，可以随便被打。

而从第六只壶开始，即便是占位壶也可随便打了。一垒队员经常投出力量较轻的占位壶，二垒队员会根据实际情况运用击打技术，但也不绝对，每个冰壶怎么投都是要服务于全局的。

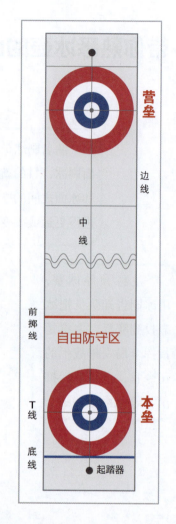

冰壶也有留"后手"的说法

冰壶比赛的每一局要在最后一只壶（第16只）完成投壶后，进行记分。所以哪支队伍能后投壶（专业术语称为"后手"），也就可能对比赛结果带来更大的影响。

简单来说就是每队派出两个人，在赛前分别以顺时针、逆时针方向各投一个壶，哪队整体成绩距离圆心更近，哪队就可以获得首局的后手权。

在正式比赛中，每一局的得分队将自动成为下一局的"先手"。所以，大家都希望在第9局中输掉1分（通常称为送给对手1分），这样既可以不让对手多得分，又可以得到最后一局的后手权。

看懂冰壶赢球的标准

要明白冰壶是怎么得分，只要知道"离营垒中心最近就得分"这句就可以了。

一场比赛被分为10局。每局16只冰壶全部投掷完毕后，计算营垒内冰壶的分数。如果两支队伍分数相差悬殊，分数少的队伍可以提前认输。

怎么看胜负：一局比赛投壶完毕后，距离营垒（最大的圆圈以内）圆心最近的壶是谁的，谁就是本局的得分队。

负队得几分：一局比赛中的负队得分永远是0分。当营垒内一个冰壶都没有时，两队平局，比分0：0。

胜队赢几分：胜队有 n 只冰壶比负队所有冰壶都近于圆心，即得 n 分。

举例说明

情况1

情况2

在这种情况下，红队的这只冰壶比蓝队的所有冰壶都要靠近中心，所以这一轮红队就得1分。

在这种情况下，红队的这两只冰壶都比蓝队的所有冰壶更靠近中心，所以这一轮红队得2分。

在以上两种情况中，虽然蓝队投进圆圈的冰壶数量比红队还多，但它们都不是最靠近中心的冰壶，所以也就没有得分。

冰壶运动员的"大喊大叫"

"大喊大叫"的运动员通常是在投壶和指挥队员,喊叫的原因有两个:第一,是给予刷冰员刷冰指令,因为冰壶场地长约44.5米,不喊其他队员真的听不见;第二,是增强气势,震慑对手。

专业名词:占位
意思是在营垒外接近于场地中线区或者边线区处设置一个占位壶,为本方冰壶旋进营做保护。

专业名词:双飞
指用自己的一只冰壶,将对方两只冰壶击出营垒。

专业名词:打定
指用自己的一只冰壶,将目标打掉后定住不动。

专业名词:打甩
指用自己的一只冰壶将目标打掉后甩到指定位置。

专业名词:旋壶
指利用冰壶运行弧线绕过障碍壶,停留在障碍壶后面,通常用较小的力量。

专业名词:Hurry or Hurry Hard
通常是投壶力量不够,让刷冰员快速刷冰。

专业名词:Whoa
类似"我我我"的声音,意思是冰壶力量较大让冰壶前方刷冰员停止刷冰。

冰壶专业术语中英文对照

guard	占位壶，位于前掷线与营垒之间，用于防卫的冰壶
long guard	远防卫，靠近前掷线的障碍壶
center guard	中心防卫，投掷到冰道中心距离较短的障碍壶
corner guard	角落防卫，投掷到冰道边上没有到达营垒的冰壶
burying a stone	藏球，将冰壶投掷到障碍壶的后面，从另一端看不到该冰壶
come around	旋壶，投出一只冰壶，使其在障碍壶附近
raise	晋升，使一只冰壶从一个位置被撞击到另一个靠近营垒位置或进入营垒的投掷
freeze	粘壶，接触或几乎接触另一只冰壶
weld	完美粘壶
double	双飞，一次击壶后两只冰壶均被打走
hit	击打，与另一只冰壶撞击的投掷
hit and roll	打定，击走一只冰壶，使其离开中心，自己占据目标位置
take out	击走，一种难度较大的击打方式，它使另一冰壶从比赛中去除
peel	剥离，难度较大的击打，用于去掉障碍壶
wick	轻磕，轻轻触到一只静止冰壶的运动冰壶
tick	薄球，用很大力量使冰壶移动很短距离
spinner	旋转壶，一次旋转得比较厉害的投掷

部分冰壶投掷方法

看看冰壶的装备

冰壶项目的装备包括冰壶、冰壶鞋、冰刷。

冰壶标准直径30厘米、高11.5厘米、重20千克左右。冰壶的底面都是凹面，它可以让冰壶滑得更远、更准确，并可能掷出比在平面上更大的"弧线"。冰壶底部磨损后可拆换。

冰壶

运动员可以用冰刷擦刷冰面以改变冰壶与冰面的摩擦力，或调整冰壶方向。

冰刷

冰壶鞋

两只鞋底部质地不同。滑行的一只鞋底部有专用滑板，平时需套上鞋套以保护滑板。辅助脚（或称蹬冰脚）的鞋子正面和前部粘有保护层，因为投壶时这一部分向下需要与冰面接触产生摩擦。冰壶鞋除了前端颜色外与普通鞋看不出什么区别。

唯一允许"打架"的运动就是那么火爆

比赛看得好好的,怎么好像打起来了!

咦,这是什么情况呀?

他们脾气怎么这么火爆,

你看运动员们的身体冲撞好厉害呀!

这个比赛可真够刺激的啊!

你知道哪项运动在冬奥会上人气最旺?

对!冰球无疑是排第一位的。

冰球是一项对抗性较强的集体冰上运动,亦称"冰上曲棍球"。

虽然出于战术需要,为了增加比赛的对抗性和观赏性,

冰球赛场上一些身体对抗在裁判那里是不会被制止的,

但从规则上说,比赛中"打架"是不被允许的。

特别是在倡导业余原则、禁止过度商业化的奥运会中,"打架"更是严格禁止的。

冰球起源于加拿大。1855年,加拿大金斯顿出现了一种冰上比赛游戏,这种比赛游戏后来在新英格兰及北美地区的其他地方也很流行。冰球第一次成为比赛项目是在1856年加拿大的一个小城——哈利法克斯。比赛时,每队上场15人,将球击进对方球门为胜,这种游戏性的比赛很快引起了人们的兴趣。

看懂冰球，了解规则很重要

项目分类

冰球分为男子冰球和女子冰球。

其中女子冰球项目直到 1998 年才被列入长野冬奥会项目。

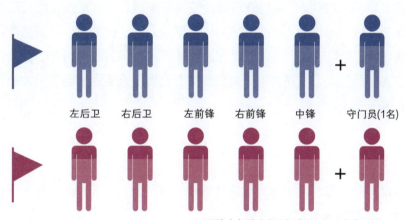

两队中每队上场5名球员以及1名守门员

时间规则

  冰球和足球、篮球一样，把球击进对方球门算作胜利，比赛结束后得分高的球队获胜。冰球比赛共有 3 节，既不像足球的上下半场，也不是篮球的四节比赛。冰球每节 20 分钟，所以，一场球下来，比赛时间共有 60 分钟。

  如果在规定时间内打成平分那么需进行 5 分钟的加时赛。加时赛采用"金球制"，即"突然死亡"。说得简单一些，就是加时赛先进球的一方获胜，比赛结束。如果加时赛中双方还是平分，那么之后将开始点球大战。点球大战里，两队将首先派出三组选手点球决战，比分领先一方获胜，结束比赛。如果前三组打平，那么将开始一对一单挑，这时如果一方进球，而另一方罚丢，那么进球方获胜。

球员与换人规则

球员和换人

参赛时有两队,每队23人,每支球队在场上有6名球员,2名前锋和1名中锋负责进球,2名后卫阻止对方进球,1名守门员站在球门前,是最后一道防线。但冰球中前锋和后卫之间并没有那么明确的位置划分,因为球场小、人少、速度快,更多的是全攻全守的打法,球员的体力消耗非常大,换人也非常频繁。

通常球员在场上拼杀30~120秒就会被换下来休息。冰球换人比较随意,在比赛进行中和暂停时都可以换人(当然也有一些限定条件,比如暂停时依据裁判指示客队先换主队后换,不得延误;死球犯规方,直到下一次争球前不能换人等)。

虽然换人如此随意,但需在换下的队员离开比赛区之后,别的队员才能上场,禁止场上一方多于6人。

组

换人涉及一个"组"的概念,因为冰球场上球员少,但轮换多、替补球员多,为了方便管理,教练通常会把球员分成锋线组和防守组。

锋线组,一组通常是最强的,比赛中贡献了更多的进球;二组次之,也是得分组;三组的得分能力偏弱一点,主要职责是通过不断的进攻拉扯防线,消耗对方防守球员的体力;四组球员是新手和能力较弱的球员,一般两三场才能取得一个进球。

赛场规则

比赛开始时，每支球队有两名球员站在主裁判两侧进行争球。

运动员穿着冰鞋，手持球杆，身穿国际冰联规定的护胸、护肘、护裆、护腿、头盔等护具，在被界墙围起来的冰球场内按规则运用滑行、运球、传球、射球、身体阻截等技术，在战术配合下相互攻守，力争用冰球杆将球击进对方球门。

比赛场地

国际冰球比赛均采用长61米、宽30米，四角圆弧、半径8.5米的场地。冰球场地四周围有高1.15～1.22米由木质或可塑材料制成的牢固界墙。

要注意攻区和防区的概念是相对的，对于从右向左攻的球队来说，图中的攻区和防区要对调一下。

冰球的术语要明白

开球点

红色虚线最中间有一个蓝色点,这就是开球点。每局比赛开始或者射中球门以后,双方都要在这个点上争球,以此开始下面的比赛。

争球点

球场中有9个争球点,除了开球点之外,场地上还有另外8个争球点——4个红圈中各1个,中区蓝线附近有4个。比赛中,如果攻队队员从本队半场将球直接打过对方球门线形成"死球",裁判员要鸣笛停止比赛,需把球拿回到攻队的守区争球点,双方争球,重新开始比赛。

越位

两条蓝线就是冰球比赛中的越位线。冰球比赛的越位规则很简单,概括起来就是"任何进攻球员不得先于球进入蓝线。"

举例说明

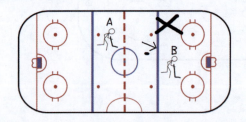

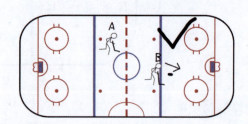

传球越位 球员A持球试图发起进攻,这时候他看到了前方的球员B,于是A向B传球,但B已经先于球进入蓝线,这时候就是越位啦。

正确的传球方式 球员A持球试图发起进攻,此时球员B在蓝线以外,而且整个传球过程中,都必须是球先于B进入蓝线。

死球

死球即一方球员在红中线后方，将冰球射越对方球门线。

特殊情况，出现下列情况时，不算死球：

1. 场上出现多打少的情况下，人数较少的一方将球传到了底板区。
2. 球在出底线之前已经碰到了对方球员的身体或者冰刀、冰球杆。
3. 球越过门线之前已经越过了球门区。
4. 球在越过门线之前队员故意不接。

合理冲撞

冰球比赛中，运动员可以用肩、胸、臀冲撞对方控球队员，但不得滑行三步以上或跳起来进行冲撞，也不得从背后或距离界墙 3 米以内向界墙方向猛烈冲撞，否则就是非法冲撞。

凡是非法冲撞者，裁判员将视情节对其进行小罚、大罚、违例或严重违例的处罚。

犯规

因为冰球比赛速度极快，运动员手中又有冰球杆，场上竞争局面如果不得到适度控制，就会出现极不文明甚至危险的现象。因此，规定下列禁止行为：

用手推人、抱人，用腿绊人，用肘顶人，用杆钩人、绊人，横杆推阻，将杆举过肩部以上，持坏杆参加比赛，向场外投掷球杆，用杆打人，用杆头刺人或杵人。

出现以上现象，裁判员将视情节给予 2 分钟小罚或者 5 分钟大罚及附加 10 分钟违例，严重者将被判罚为严重违例或者取消比赛资格。

看看冰球的装备

为防止在紧张激烈的对抗中受伤，运动员须全身穿戴护具。现代冰球护具一般多采用轻体硬质塑料外壳，内衬海绵或泡沫塑料软垫。守门员戴有特制的面罩、手套，加厚的护胸及加厚加宽的护腿。

头盔

头盔是一种用于保护头部及面部的装备，好的头盔要有完善的保护和穿戴舒适的功能。

护颈

护颈是保护颈椎的装备，以防止冰刀或者球杆划伤等，18岁以下男子队员和女子队员必须配备。

手套

手套是冰球护具中不可缺少的物品，每一副手套都要具有透气好、防水、舒适的功能。

护裆

护裆是保护身体最重要部分的装备，所以它一定要有坚硬的外壳。

冰鞋

冰鞋要有加长护脚腕、加厚护脚踝、轻型鞋底部制作材料，以及加强脚跟缓冲的特点，整个鞋要紧贴脚，要有一种裸足的感觉。冰刀要用强硬的钢，顶级的冰刀带有减少阻力的透气孔。

护腿套和外衣

国际比赛中规定不许将护具露在外面（除头盔和防摔裤），所以护腿套和外衣就必须罩在外面。在舒适美观的同时，护腿套和外衣增大摩擦，防止护具因移位、脱落、空隙等造成安全性问题的发生。

冰球专业运动内衣

运动内衣具有速干、排汗、保暖功能，以及特有的"压缩机能"，能加快血液循环，加大运动中的供氧量，使运动员能量充沛。

护齿

护齿在保护牙齿的同时，还有防止脑震荡的功能。

护胸

护胸是冰球装备的主要用具，起到保护身体胸部和肩部的作用。好的护胸要有重量轻、透气性能好的特点。

护肘

肘部是身体最脆弱的部位，所以护肘的外部要有坚硬的外壳，内部要有柔软的海绵。其特性和护胸相似。

防摔裤

冰球防摔裤起到保护臀部及大腿不被冰球打伤的作用。一个完美的冰球防摔裤要有挡板坚硬、重量轻、透气好的特点。

护腿

护腿主要用于保护膝盖和小腿骨,防止打伤小腿。

专用摩擦带

专用摩擦带缠到球拍上可增大球拍与冰球之间的摩擦力,从而更有利于控球,起到击球时加大冰球自转等作用。

冰球杆

冰球杆是打击冰球的器具,分为左手杆和右手杆。冰球杆的制作材料分全木制(便宜)和碳芯(昂贵)制。冰球杆也分整体型和分离型(可单选球拍和球杆)。

冰球装备包

专业为冰球装备设计的冰球装备包可以放下所有装备(球杆除外),体积大、功能多。

冰球中的"打架"规则与潜规则

相比于奥运会等国际赛事,对于商业化程度较高的美国国家冰球联盟(NHL)来说,"打架"似乎成为了一件司空见惯的事情。

在20世纪60年代前,冰球的粗野暴力到达极致。有些专家直言,比起现代冰球来说,当年的NHL更像是冰上橄榄球。一些传奇明星也经常上场"打架",比如戈蒂·豪,所谓的"戈蒂·豪帽子戏法"就是指"单场比赛进一个球,助一次攻,外加'打一场架'。"

但从1970年开始,NHL的"打架"开始变成了一种文化。参与"打架"的队员有个属于他们自己的响亮外号——执行者。这些球员进攻防守能力都一般,5分钟左右的上场时间,拿着最低的工资,但却干着"保镖"的工作。两个球员产生了摩擦,统一交给两队的执行者来对决。

这一方面是为了战术的需要(提升队伍士气,打击对方),由于冰球换人都不暂停比赛,主教练只有一次暂停机会的,"打架"就成了具有冰球特色的一种"最后的选择";而另一方面则是为了增加比赛的对抗性和激烈程度,用"暴力美学"来吸引更多的观众。

"打架"的程序:首先双方要达成可以"打架"的共识,裁判后退,为双方腾出空间;接下来双方丢掉金属球杆,脱掉帽子和手套,摆开架势;然后双方开始肉搏,用拳头击打对方脸、鼻、口等部位,某一方被打倒在地意味着"打架"结束,此时裁判会将双方拉开,最后双方各被停赛5分钟。

冰球比赛的受罚席有什么用

冰球比赛中若有犯规，裁判员通常会示意。如果此时非犯规方持球，那么裁判会举手示意延缓判罚，等到这次进攻完成后再宣布判罚。反之，裁判会立即吹停比赛。

吹停比赛后，受罚球员会被请进受罚席。这时场上会出现多打少，也就是俗称的"强打"情况。而"强打"的时间长度则会根据犯规球队的受罚时间来定。通常情况下为 2 分钟小罚，不过根据情节严重程度，也会有 5 分钟大罚，甚至附加 10 分钟违例。

4 冬奥会冰雪项目——雪车雪橇篇

"雪上F1"让你体会速度的极致

奇怪了,冬奥会上怎么还有赛车比赛啊?
你看它的形状多像我们平常划的小舟!
这个赛车也挺有意思,没有车门和车窗,
没有加油的环节,好像也没有发动机,
全靠驾驶员一边跑一边推才能启动,
但速度快的我都反应不过来。

雪车形如小舟,所以也被称为"雪地之舟"。

虽然看起来像车,其实这是装有方向盘和制动装置的雪橇!

乘坐可操纵方向的雪橇在冰道上极速滑行,

凭借比赛时风驰电掣的速度,

雪车一直被认为是最刺激的冬季项目之一。

雪车被称做有舵雪橇或长雪橇,

它的平均速度在 100 千米 / 时左右,最高可达 160 千米 / 时。

雪车起源于 19 世纪后期的瑞士。雪车用金属材料制成,形如小舟,车首覆有流线型罩。

1883 年,英国人把平底雪橇装上了橇板。1890 年,爱好者们又制成装有金属舵板和制动闸的雪橇,称有舵雪橇。1898 年 1 月,在克雷斯特朗又有 4 人座有舵雪橇问世。后来人们逐渐想出在陡坡上多修转弯道的办法以求减速,并把雪道表面冻成冰面,雪道两侧加护墙。

雪车比赛项目有哪些

项目介绍

雪车可以让运动员坐进去,里面有方向盘和制动装置。运动员穿着专业的防护装置,出发信号发出后,运动员推动雪车,然后"飞"进座位里面,前面运动员掌握方向,后面运动员控制制动装置来进行比赛。

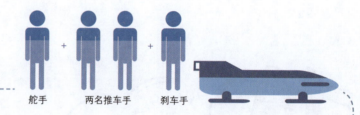

男子四人座

男子四人座雪车长不得超过 3.8 米,宽 0.67 米,运动员与装备加上雪车总重量不得超过 630 千克,不足重量可携带其他加重物补足。

全部 4 名队员在 6 秒左右的时间内必须全部入座,第 2、3 号运动员作为推车手,在出发的时候起到加速的作用。行进中舵手操控操舵索来控制方向,刹车手负责在雪车通过终点时拉闸刹车。

男子双人座

男子双人座雪车长不得超过 2.7 米,宽 0.67 米,运动员与装备加上雪车总重量不得超过 390 千克。

双人座雪车出发前两名运动员分别站在雪车的两侧,当出发信号发出后,迅速推动雪车跑步前进,然后跃入舱内,前面的运动员负责操舵,后面的运动员负责制动。

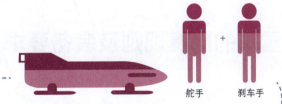

女子双人座

女子双人座雪车长不得超过 2.7 米，宽 0.67 米，运动员与装备加上雪车总重量不得超过 350 千克。

比赛方式与男子双人座相同。

女子单人雪车

女子单人雪车为 2022 年北京冬奥会新增小项。

雪车的比赛规则及装备要求

出发前，雪车的橇刃进入冰槽沟，确保车体不会侧向打滑。

出发前雪车距起点线 15 米。出发信号发出后，运动员在起点处手推雪车奔跑起动，推行距离大概在 50 米，然后跃入座位。到达终点时运动员均须在座位上，否则成绩无效。

每场比赛滑行 4 次，比赛时间为 2 天，每天进行 2 轮，每次只发出一个队。出发的顺序通过抽签决定（通常在比赛前一天的晚间进行）。从第 2 轮开始，则按照上一轮比赛结束后的总成绩由后向前排列，最后一名第一个出发。

以 4 次比赛的累计时间计算成绩，时间少者获胜。当两队时间总和相等时，则比拼单次中的最少用时（比最好成绩），少者获胜。

比赛装备

雪车装备包括比赛服、护肩、护肘、头盔和专用钉靴。钉靴的底部为刷型并均匀分布的靴钉。靴钉的长度不超过 14 毫米，间隔不超过 3 厘米。

比赛场地

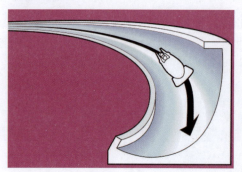

雪车的滑道是以混凝土或木材建成，宽度为 1.4 米，两侧均为护墙，滑道及两侧的护墙均需浇冰，比赛线路长度为 1200～1650 米，全程设有 15～20 个弯道，落差在 100～150 米。

"躺着"和"趴着"都能赢的两项运动

看了一大圈冬奥会的赛场，累坏我了，

真想舒舒服服地躺一会儿啊。

哎，奇奇你看，

那边怎么有人好像躺在雪橇上比赛啊，

还有人趴在雪橇上往下滑。

这么舒服的比赛我也想参加！

别想美事了，嘟嘟！这可不是让人休息的地方！

告诉你吧，运动员们正在参加的是滑行竞速的比赛项目！

一种是头朝前趴着滑行，另一种是脚朝前躺着滑行。

虽然姿势不同，但两项运动使用同样的滑道，

它们的速度都很快，最高超过 130 千米 / 时呢！

而且都要求运动员必须具备两项竞技能力：

一是获得最大初始速度的能力；

二是在初始速度的前提下，

灵活控制肢体维持身体或器械平衡以适应速度持续增加的能力。

所以，在运动员选拔方面，

更倾向于选择"人高马大，跑得快"的运动员。

这两项运动就是：雪橇和钢架雪车。

1964 年雪橇、2002 年钢架雪车分别被正式列为冬奥会项目。

　　雪橇起源于瑞士及北欧地区，真正推广开展则是从 19 世纪 80 年代开始。

　　钢架雪车又称俯式冰橇，是在传统雪车基础上发展的一种项目。19 世纪发源于瑞士山区的小城圣莫里茨。

带你快速了解钢架雪车

项目分类

男子单人赛

钢架雪车加上运动员的重量不得超过 115 千克。

但只要钢架雪车的重量控制在 33 千克以内,总重量亦可超过 115 千克。不过即使总重量未超过 115 千克,钢架雪车的重量也不得超过 43 千克。

在重量不足的情况下,选手可以通过贴铅块来补充重量。

女子单人赛

钢架雪车加上运动员的重量不得超过 92 千克。

但只要钢架雪车的重量控制在 29 千克以内,总重量亦可超过 92 千克。不过即使总重量未超过 92 千克,钢架雪车的重量也不得超过 35 千克。

在重量不足的情况下,选手可以通过贴铅块来补充重量。

技术动作

钢架雪车规定只能以俯卧式进行,运动员的腹部贴在雪车上,要求用肩膀和膝盖来控制方向。运动员出发的信号灯亮起后,必须在 30 秒内完成出发动作。出发时运动员将雪车一侧橇刃放在冰槽沟内,加速之后迅速登上雪车进行比赛。

中途允许运动员掉落雪车,但在通过终点时,运动员必须在雪车上才算完成比赛。

由于比赛开始时的助跑速度非常关键,田径运动员因其较好的柔韧性和爆发力比较适合这项运动。

助跑

滑行

比赛规则

钢架雪车是雪橇项目中,唯一一项同时进行男子组和女子组的比赛。比赛在同一天之内进行两次,以两次成绩合计排列名次,时间少者名次在先。成绩计算到百分之一秒。

如果选手成绩相同,名次可并列。第一次出发顺序通过抽签决定;第二次比赛出发顺序以第一次成绩排名为依据,排名最前的最后出发。第一次成绩最好的前 20 名男运动员和前 12 名女运动员,晋级第二次比赛。

运动员在曲线、直线、马蹄形(Ω)滑道上保持加速度,比赛过程中平均速度达到 100 千米 / 时。

比赛装备

头盔

钢架雪车需要用到的最炫酷的装备就是头盔了,个性十足。不过钢架雪车用到的头盔与一般的头盔不同,它有一部分功能是用来保护下巴哟!

比赛服

比赛服是根据空气动力学设计的紧身套装,由橡胶制成,其肘部具有特殊构造,能起到保护作用。

雪鞋

要想跑得快,一双好的战靴是必不可少的,钢架雪车运动员需穿专业钉鞋,鞋底有几排密密麻麻的小钉,以保证出发时与冰面充分接触,刨冰加速前行。

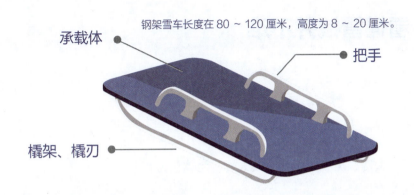

- 承载体
- 钢架雪车长度在 80～120 厘米，高度为 8～20 厘米。
- 把手
- 橇架、橇刃

　　钢架雪车没有转向器和制动装置，底部由铅块加重的骨架（橇架）和两根固定的管状钢刃（橇刃）组成。车体上装有把手，供运动员出发时推动雪车使用，也利于运动员将身体稳定于车体内。车体前后装有缓冲器。

看懂雪橇并不难

项目分类

项目分为女子单人赛、男子单人赛、双人赛、团体接力赛。

男/女单人赛

单人赛的赛事中，所用的雪橇重 21～25 千克。按四次滑行中的累计时间计算成绩，用时最短的一队获胜。如若成绩相同，则会判任一单次最短时间完成的一队获胜。

双人赛

双人赛中，所用的雪橇重 25～30 千克。赛事为期一天，进行两次滑行，按两次滑行中的累计时间计算成绩，用时最短的一队获胜。如若成绩相同，则会判任一单次最短时间完成的一队获胜。

团体接力赛

按照女子单人赛、男子单人赛、双人赛的顺序滑行后的累计时间得出排名。当前一位运动员碰触到终点线的触摸板时，下一位运动员出发。雪橇团体接力赛自 2014 年索契冬奥会开始成为正式比赛项目。

两名男运动员　　两名女运动员　　一男一女两名运动员

技术动作

在出发指令响起和绿色信号灯亮起后,运动员仍有 30 秒(双人赛有 45 秒)时间准备出发,运动员坐在雪橇上抓住起点的把手前后摆动,找到最佳启动速率后即可出发。

运动员用带尖锐钉子的手套在冰面上向后滑,在获得足够快的速度后仰面躺在雪橇上,双脚向前,运动员通过脚或身体的左右轻微摆动控制雪橇,行进中尽量选择最理想的前进路线,尽可能减少比赛用时。

运动员到达终点后,仍要在雪橇之上,否则成绩无效。

比赛规则

男/女单人比赛进行两天共四轮,每队限报 3 人,每天滑两轮,四次滑行成绩相加,用时少者排名靠前。

双人比赛时每队不得超过两名运动员,每名运动员可滑行两次,两次滑行成绩相加,用时少者排名靠前。

到达终点时,运动员必须在雪橇上,否则成绩无效。

成绩精确到千分之一秒,

比赛用时相加最短者为冠军。

比赛平均速度约为 90 ~ 100 千米/时,最高可达 150 千米/时。

150千米/时

比赛装备

头盔

运动员的头盔很轻,由合成材料或玻璃纤维制成。头盔前部有透明面罩,以便运动员稍微抬头时看清滑道。

比赛服

比赛服由合成材料制成,能够紧贴身体,从而将空气阻力减到最小。

手套

运动员所戴手套指尖部有长 4 毫米的尖锐小钉,帮助运动员出发时在冰面上向后滑动。

脚套

脚套上有特殊拉链,会把运动员的脚拉伸至一个笔直的位置,可使迎面阻力降到最低。

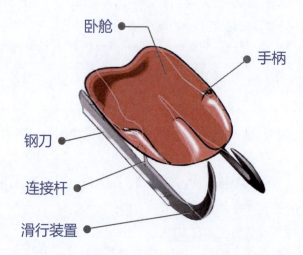

雪橇底面有一对平行的金属滑板。滑板不得装配能操纵滑板的舵和制动器。

看看雪车、钢架雪车、雪橇的赛道

雪车、钢架雪车、雪橇虽然是完全不同的体育赛事,但它们都使用的是同一赛道。这三个项目对于赛道的标准要求很高,全世界目前也仅有 16 条雪车雪橇赛道。

雪车赛道长 1200～1650 米,落差在 100～150 米,全程设有 15～20 个弯道。钢架雪车赛道与雪车赛道共用一个起点,道长 1200～1650 米,落差在 100～150 米,运动员需滑行绕过 14～22 个弯道。

雪橇比赛所用赛道与雪车和钢架雪车虽为同一赛道,但起点不同。雪橇比赛线路男子长 1000～1350 米,女子 800～1200 米,全程设 11～18 个弯道,落差在 100～150 米。

2022 年北京冬奥会采用世界顶尖水平的赛道设计,届时将建成中国第一条雪车雪橇赛道,它位于北京延庆赛区西南侧的国家雪车雪橇中心,也将成为全球第一条 360 度回旋赛道。

嘟嘟,

你已经了解了冬奥会的比赛项目,

可以说是冰雪运动的小专家了。

接下来,我要带你去世界各地转一转,

沿着冬奥会的脚步,

熟悉冬奥会的历史,

在赛场之外,

感受冰雪运动的历史和人文气息吧……

5 冬奥会旅游地图

四年一度的冬奥会，不仅是冰雪健儿挑战自我的竞技舞台，更是主办国展现风貌的最好时机。不论是庄重典雅的场馆、平滑如镜的赛道，还是白雪皑皑的山峰、钟灵毓秀的风景，亦或是让人垂涎欲滴的美食、脍炙人口的传奇，使每一届冬奥会都成为了一次冰雪嘉年华。来自世界各地的人们在冬奥会的赛场内为运动员们欢呼呐喊，在赛场外的美景里流连忘返……

接下来，就让我们跟随着冬奥会的足迹，去世界各地探访那些名城古镇，感受冰雪运动的历史和人文气息吧！

法国·夏蒙尼

1924年第一届冬季奥运会

夏蒙尼是法国一个古老的小镇，坐落在被称为"欧洲屋脊"的勃朗峰山下，被阿尔卑斯山脉所环绕，地貌同喜马拉雅山极为相似。海拔3842米的南针峰，是夏蒙尼最有特色的地标之一。人们在小镇街头，抬头就能看到山上悬下的巨大的冰舌，雪山所带来的视觉冲击力非常震撼。

独特的地理环境使得夏蒙尼成为众多雪上运动爱好者的天堂，在这里可以体验夏蒙尼的越野滑雪赛道，从平缓的滑雪道深入峡谷，穿过松树林，到达宁静的村庄。著名的La

Vallee Blanche 雪道，包括冰河部分全长 20 公里，非常适合中级水平以上的滑雪者。

夏蒙尼地区的滑雪历史，可以追溯到 1924 年第一届冬季奥林匹克运动会。实际上，史上第一届冬奥会真正的名字叫作"第八届奥林匹亚德体育周"。当时并未将它作为正式比赛来举办，而是把它看作是 1924 年法国夏季奥运会前夕举行的冰雪项目表演。

体育周从当年 1 月 25 日开始至 2 月 5 日结束，共设立滑雪、滑冰、冰球和雪车 4 项，另设冰壶、军事滑雪射击 2 个表演项目，来自 16 个国家的 258 名参赛选手，产生了 16 枚金牌。这次的体育周在世界体坛引起了巨大反响。1926 年，国际奥委会决定，此后于夏季奥运会同年举办冬季奥运会，但冬季奥运会的届次与夏季奥运会不同，应按实际召开的次数计算，并决定将"第八届奥林匹亚德体育周"正式追认为第一届冬季奥林匹克运动会。

瑞士·圣莫里茨

1928年第二届冬季奥运会
1948年第五届冬季奥运会

圣莫里茨位于瑞士东南部的格劳宾登州。这座小城自古以来就享有得天独厚的气候条件，一年中拥有320天的充足日照，每逢干燥的空气和闪耀的阳光交相呼应时，空气会似香槟气泡般闪闪发亮，当地人对此津津乐道，称其为"香槟气候"。

圣莫里茨之于全球冰雪界，就如同爱马仕之于奢侈品牌界，是上流社会冬季度假的顶级选择地。150年前，冬季旅游便诞生于此。直到今天，圣莫里茨依然是世界上密度最大的五星级酒店聚集地。

冬天的圣莫里茨美丽而圣洁，湖泊都结上了厚厚的冰层，在阳光下如钻石般闪闪发光。羌普菲尔湖、席尔瓦普拉纳湖以及锡尔斯湖为运动员们提供辽阔的滑冰场地。建于1897年的圣莫里茨雪橇俱乐部是历史最悠久的、最高贵的雪橇俱乐部，摩纳哥亲王便是这个俱乐部的会员。

1928年在圣莫里茨举行的第二届冬奥会，是第一次在与当年夏季奥运会不同的城市举行的冬季奥运会，钢架雪车在这届冬奥会上正式成为冬季奥运会的比赛项目。日本运动员报名参加了越野滑雪、跳台滑雪和北欧两项的比赛，亚洲人的身影第一次出现在冬奥会的赛场上。

因为战争的关系，第五届冬奥会的主办国一改再改。直到第二次世界大战结束之后的1948年，第五届冬季奥运会才回到瑞士的圣莫里茨重新举办。因为筹备时间紧张，且为第二次世界大战之后第一次举办冬奥会，该届冬奥会瑞士组委会并未兴建奥运村，所有参赛选手都住在赛场周边的旅馆内，也被后世戏称为"旅馆冬奥会"。

美国·普莱西德湖
1932年第三届冬季奥运会
1980年第十三届冬季奥运会

普莱西德湖既是镇名又是湖名，为"宁静湖"之意。它位于纽约州北部的两个湖泊之间，周围环绕着阿迪朗达克山峰。

1904年，素来作为避暑胜地的普莱西德湖俱乐部第一次在冬季开放，游客们在冬季的户外玩耍，当时是一个新颖的概念。因此，普莱西德湖成为美国第一个冬季度假胜地。

1932年在这里举办的第三届冬季奥运会，是冬奥会首次来到美洲大陆。由于当时刚刚经历了一场全球范围的经济大萧条，这届奥运会的筹办工作受到了极大的经济困扰。组委会主席杜威捐出自己家族的一块地，作为兴建雪橇比赛赛道之用。在这届奥运会的女子花样滑冰比赛中，挪威选手索尼娅赫妮成功卫冕。此外，在花样滑冰双人项目中，法国组合安布吕内和皮布吕内也成功卫冕。

1980年，第十三届冬奥会再度花落普莱西德湖，中国、哥斯达黎加和塞浦路斯的运动员第一次亮相冬奥会。此外，一支美国大学生和业余球员组成的队伍，以

4∶3的比分击败了强大的苏联冰球队，并在最后赢得了奥运金牌。这次被称作"冰上奇迹"的比赛，后来被列为美国体育史上最伟大的胜利之一。

德国·加米施－帕滕基兴
1936年第四届冬季奥运会

加米施和帕滕基兴曾经是两个独立的集镇，它们历史悠久、风景优美、文化气息浓郁，洋溢着巴伐利亚的热情。现在，它们合二为一，成为德国最棒的冬季运动胜地。

加米施－帕滕基兴坐落于德国南部的巴伐利亚州，该镇位于罗伊萨赫河河谷，远离喧嚣的大都市，为阿尔卑斯山脉所环绕。

七个月的皑皑白雪覆盖60公里长的滑道、天然的深雪滑坡，这里还有德国唯一一个冰川滑雪场。这座城市的滑道覆盖所有难度级别，能够让各类人群充分感受到滑雪乐趣，这里成为了享誉国际的热门滑雪胜地。

1936年，这里举办了第四届冬奥会。在这届奥运会上，主办方高效率的公共汽车服务将50万观众带到了最后一天比赛的赛场，出现了早期奥运会历史上少见的盛况。在该届冬奥会的闭幕式上，德国人出人意料地安排了焰火表演，使得焰火表演第一次出现在冬奥会上，为该届赛事添上了浓墨重彩的一笔。

挪威·奥斯陆
1952 年第六届冬季奥运会

　　奥斯陆是斯堪的纳维亚半岛上最为古老的都城，同时又是挪威的政治、经济、文化、交通中心和主要港口。在地理位置上，奥斯陆靠近北极，三面环山一面临海，苍山绿海相辉映，既有旖旎风光又有雄浑气势，风景极为独特。

　　位于奥斯陆东北的霍尔门科伦山是挪威的滑雪胜地。从 1892 年起，每年 3 月的第一个星期六，世界闻名的国际跳台滑雪比赛会在这里举行，这是挪威全国仅次于国庆节的第二个盛大节日，挪威人此时都要在此欢度他们特有的"奥斯陆滑雪节"。

　　对广大滑雪爱好者来说，"霍尔门科伦"一词就如同奥林匹克那样既亲切又神圣。山下还有一个滑雪博物馆，里面收藏着几副挪威石器时代的滑雪板，以及挪威著名探险家阿蒙森和南森当年顺贝瑟卢德湖而下使用过的滑雪用具。

　　1952 年冬奥会就在现代滑雪的诞生地挪威举办。从挪威冰雪运动奠基人松德雷·努尔海姆出生的小屋壁炉里点燃的火炬，经过了 94 名滑雪运动员的接力传递后来到奥运会主体育场，最终点燃了大会圣火火炬，由此成为冬奥会历史上第一次正式在主会场点燃的圣火。

意大利·科蒂纳丹佩佐
1956年第七届冬季奥运会

有着"多洛米蒂皇后"美誉的科蒂纳丹佩佐，是意大利北部闻名遐迩的高山度假地，也是全球炙手可热的滑雪胜地。这里2500米以上的山区覆盖着天然降雪，从山顶到山脚5公里的不停歇滑程，就像是站在超市购物车传送带上一样，有节奏地稍稍弯曲膝盖、左右撑下雪杖，就能平稳而舒服地快速下行。

离小镇不远的索拉比斯湖是阿尔卑斯山间最美的湖泊之一，湖水的颜色随季节不停变换，没有人能用语言描述它的瑰丽。到了冬季，小镇就会变成意大利最好的滑雪胜地，上演世界级的滑雪大赛。

1956年，意大利科蒂纳丹佩佐冬奥会因为苏联的加入而具有特殊的意义，在他们第一次参加的冬奥会中，他们就超越所有对手，在奖牌榜上名列第一。该届冬奥会第一次进行了跨越洲际的电视实况转播，开创了奥运会的历史先河。

美国·斯阔谷
1960年第八届冬季奥运会

斯阔谷是加利福尼亚州内华达山脉间的一块盆地。一百多年前，这里原是印第安人聚居的地方。斯阔（SQUAW）在印第安语中是女子的意思，和名字一样，无论在哪一个季节，这里的风景总是美得让人心旷神怡。

斯阔谷毗邻著名的太浩湖，是美国著名的旅游胜地。斯阔谷的高山大本营地处2700米的山峰之上，配备有恒温水池和热水按摩池，这里的KT-22雪道被称为北美的最佳雪道，从垂直2000米的峭壁俯冲而下，经历瀑布、悬崖和巨石，是为骨灰级玩家准备的冒险雪道。

然而，1960年第八届冬奥会来到斯阔谷的过程却并不顺利。当时向国际奥委会提出申办时，当地竟然完全没有比赛的运动设施和场馆，最终雪车项目被迫取消。不过，冬季两项（包括越野滑雪和射击两项）在冬奥会上第一次成为正式比赛项目。在斯阔谷，冬奥会的历史上首次出现了金属滑雪板。法国高山滑雪运动员让－维亚尔内首次使用金属制成的滑雪板代替以往的木制板，并获得了高山滑雪滑降的金牌。

奥地利·因斯布鲁克
1964年第九届冬季奥运会
1976年第十二届冬季奥运会

有人说,维也纳是奥地利现在的首都,萨尔茨堡是奥地利18世纪的首都,而因斯布鲁克则是15~16世纪的奥地利首都。奥地利蒂罗尔州的州府因斯布鲁克老城曾经是哈布斯堡家族的皇都,有着八百多年的历史,像一颗明珠镶嵌在雄伟的阿尔卑斯山谷中。这里至今仍然保持着中世纪城市的风貌,在狭窄的小街上,哥特风格的房子鳞次栉比,巴洛克式的大门和文艺复兴式的连拱廊展现出古城的风貌。

因斯布鲁克的滑雪场多位于阿尔卑斯山区海拔2000米以上的区域,非常适合高山滑雪。由国际知名建筑大师扎哈·哈迪德设计改建的伊瑟尔山滑雪跳台,已成为当地最令人瞩目的地标性建筑。

1964年在这里举办的第九届冬奥会上,跳台滑雪被分成了90米、70米两个级别。朝鲜、印度和蒙古运动员首次参赛。时隔12年后,因斯布鲁克再次举办冬奥会。在该届冬奥会上,冰上舞蹈成为花样滑冰比赛的新项目。苏联冰球队再度夺金,实现了在冬奥会冰球项目上的四连冠。

法国·格勒诺布尔

1968 年第十届冬季奥运会

　　格勒诺布尔位于法国东南部，距首都巴黎 500 余公里。这座小城拥有 2000 多年的历史，老城区里至今仍然留有古罗马时代残存的城墙。这里是法国革命的摇篮，1789 年爆发的法国大革命就从这座小城起步。这里也是经典名著《红与黑》的作者司汤达的故乡。

　　发展到今天，格勒诺布尔已经成为法国名声显赫的科学城，被誉为"欧洲的硅谷"。这个 16 万人的小城里竟然有 3 所综合性大学和十几所专科学院。

　　作为法国著名的冬季运动城，格勒诺布尔周边半小时车程的范围内遍布着 36 座滑雪场，其中的 12 座为国际级，460 个滑雪缆车可为 2500 公里的高山滑雪坡道及 1800 公里的越野滑雪平道提供服务。

　　第十届冬奥会于 1968 年 2 月 6～18 日在格勒诺布尔举行，这也是法国第二次举办冬奥会。格勒诺布尔原本就有较为完善的体育设施，为举办这届冬奥会，又花了 16 个月的时间，建了一个有 1.2 万个座位的冰场，还修建了法国第一个人造滑冰场。

　　这届冬奥会第一次对女子运动员进行性别检测。而美国队则反客为主，豪取 6 金 4 银 2 铜，一举打破了挪威人在冬奥会奖牌榜的垄断地位。

日本·札幌
1972年第十一届冬季奥运会

札幌是北海道的首府,四周多山。该市在明治维新之前还是一片没有开发的原始森林地,少有人迹。1871年成为北海道行政中心后兴起,1922年设市。它在100多年内快速发展成为北海道的文化和政治中心,是日本的第五大城市。地处日本最北部的札幌,也是一座以雪景闻名于世的国际旅游城市,每年有上千万国际游客光临。

每年2月的札幌雪祭,是北海道冬季最热闹的冰雪庆典。早在1950年,札幌当地的中学生在大通公园制作了6座雪雕,同时还举办了打雪仗大赛、雪雕展、狂欢节等活动,当时约有5万多人参加,完全超出了预期。此后,它便作为札幌市冬季的一项重要活动逐渐被各国游客所追捧。

1972年2月3～13日举行的札幌冬奥会,是冬奥会历史上第一次在欧洲和美国以外的地区举办,也是亚洲举办的第一届冬奥会。在这届冬奥会上,东道主日本队以笠谷幸生为首的3名选手在70米跳台滑雪中包揽了全部奖牌。笠谷幸生是日本也是亚洲第一个冬奥会金牌获得者。

南斯拉夫·萨拉热窝
1984 年第十四届冬季奥运会

萨拉热窝位于萨瓦河支流博亚纳河上游附近,是一座群山环抱、风景秀丽的古城。这里曾经是奥斯曼土耳其帝国和奥匈帝国交锋的边界,数个世纪以来都是多元文化共存的都市。萨拉热窝周围山峦起伏,积雪期长达半年之久。

萨拉热窝既是第一次世界大战爆发地,又是南斯拉夫人民在第二次世界大战时反击法西斯的光荣城市。1984 年的萨拉热窝冬奥会,是第一次在社会主义国家举办的冬奥会。政府耗资 1.4 亿美元,先后改造了两个体育中心,修建了两个奥运村和多处滑雪场地。民众对这次冬奥会也非常重视,以极大的热忱欢迎各国运动员。但没有人能想到,几年后,这座美丽的古城会陷入战争的火海中。

加拿大·卡尔加里
1988年第十五届冬季奥运会

卡尔加里一词原意是"流动清澈的水",它是加拿大第四大城市,位于加拿大阿尔伯塔省南部落基山脉的"脚山"地带,以终年不化的壮美雪山作为城市背景。

卡尔加里以石油、啤酒和牛仔帽而闻名,多次在"全球最宜居城市"排名中名列前茅。该市的地标建筑卡尔加里塔是1988年冬奥会的标志,甚至连当年冬奥会的火炬都是按照卡尔加里塔的外形设计制作的。该塔高191米,在观景台上,卡尔加里市每一个角落的景致都能一览无遗。

1988年2月13～28日在卡尔加里举办的第十五届冬奥会,首次将比赛时间延长到16天,横跨三个周末。该届冬奥会的比赛设施堪称一流,组织工作也极为出色。组委会还向各国代表团下达了正式的禁烟令,成为第一次完全禁烟的奥运会。时任国际奥委会主席的萨马兰奇在致闭幕词时,称赞该届冬奥会是历史上最成功的一次,并授予其金质奥林匹克运动奖章。

法国·阿尔贝维尔
1992年第十六届冬季奥运会

阿尔贝维尔位于阿尔利河畔,有着悠久的历史、充满魅力的自然风光和浓郁的艺术氛围,是国际知名的"艺术和历史之镇"。街道两旁林立的飘着香味的咖啡馆,提供地道阿尔贝维尔美食的饭店,收藏着当地古老家具、珠宝和服饰的博物馆以及展览阿尔贝维尔当年举办冬奥会的珍贵照片的奥林匹克之家,都是旅游者必不可少的"打卡地点"。当地为举办冬奥会在山区多处新建现代化冰雪运动设施,可容纳万人的体育场、400米椭圆形冰场、可供比赛的高山滑雪场以及便于观众观看的滑雪道,这些都值得一览。

阿尔贝维尔冬奥会是最后一次与夏季奥运会在同一年举行的冬季奥运会。不过,该届冬奥会全部57个比赛项目中,只有18个在阿尔贝维尔本地举行,其余的比赛分别在分布于阿尔贝维尔及其东南共1000平方公里的奥林匹克公园内的13个比赛场馆进行,堪称有史以来场地最分散的一届冬奥会。

挪威·利勒哈默尔
1994年第十七届冬季奥运会

利勒哈默尔是位于挪威中部偏南的城镇,它是古德布兰斯达尔谷地的商业和旅游中心,也是著名的滑雪胜地,以气候宜人著称。无论冬夏,这里都聚集着大量的体育爱好者,同时也有很多与纺织和木匠相关的制造业,城东南有十分著名的民间博物馆,吸引着大量的游客前来参观。利勒哈默尔地处北纬60.10°,2月平均气温-9℃,在当时所有举办过冬奥会的城市中纬度最高、气温最低。

1986年,国际奥委会投票决定,将夏季和冬季奥运会的比赛时间错开,间隔两年举行,1994年的挪威利勒哈默尔冬季奥运会在与1992年法国阿尔贝维尔冬季奥运会间隔两年后再次举行,这也是唯一一次间隔时间只有两年的奥运会。东道主运动员约翰·柯斯在速度滑冰比赛中获得3枚金牌,并且全部打破了世界纪录。

日本·长野
1998 年第十八届冬季奥运会

　　长野是日本本州岛中部的一座古老城市，地处东京西北 200 公里，居日本列岛中心，素有"日本屋脊"之称。在古代，它被称为信浓国，因养蚕造丝闻名。现在则以精密仪器制造业发达著称，照相机、显微镜、钟表等产量很高，被称为"日本的瑞士"。

　　长野的林业、园艺发达，旅游资源丰富。拥有"白马""志贺高原""野泽温泉"等日本著名的滑雪游览胜地。长野地处多火山地区，3000 米以上的火山就有十几座。

　　1998 年，在长野白雪皑皑的群山中举办了第十八届冬奥会，单板滑雪第一次成为奥运会的比赛项目，冰壶也重新成为奥运会正式比赛项目。让人惊叹的是，荷兰队在该届冬奥会上夺得 5 金 4 银 2 铜，掀起了一场"冰刀革命"——以往的冰刀是鞋与刀相互固定的，但荷兰人此次使用的"斯莱普"却将鞋跟与刀柄松开，从而使运动员加大了步幅，减少了阻力。他们因此获得一个美称——飞翔的荷兰人。

美国·盐湖城
2002年第十九届冬季奥运会

作为美国犹他州的首府，盐湖城得名于其紧靠的大盐湖。位于市区西北部的这座盐水湖含盐量高达25%，浮力特别强，不会游泳的人跳到湖里也不会下沉。其周边的大提顿国家公园、黄石国家公园更是众多旅游者心向往之的旅游胜地。

2002年2月8～24日，第十九届冬奥会在这里举行，这是冬奥会史上比赛项目最多的一次，参赛选手数量也创下新高，获得金牌的国家也创纪录之最——18个。此外，该届冬奥会是美国遭受恐怖袭击后首次举办的全球性体育盛会，主办方投入了19亿美元巨资，仅在安全防范措施上就花掉了3.83亿美元，出动的军人、警察和联邦调查局特工约有16000人，堪称有史以来最安全、安保最严格的冬奥会。

意大利·都灵
2006 年第二十届冬季奥运会

作为皮埃蒙特大区首府的都灵,是意大利第三大城市,也是文化底蕴深厚、历史悠久的著名古城,保存着大量的巴洛克式建筑、洛可可式建筑和新古典主义法式建筑,拥有众多的宫殿、美术馆、教堂、歌剧院、广场、博物馆和庭院等名胜古迹。都灵于 1911 年举办的世界博览会,充分体现了当地高超的艺术之美和深厚的文化底蕴。

因为意大利三分之一的巧克力制造工厂位于这里,都灵也被称为"巧克力之都""意大利最甜的地方"。

继 1956 年科蒂纳丹佩佐冬奥会后,2006 年,意大利再次举办冬季奥运会,举办地花落都灵。该届冬奥会,五大洲 18 个国家的观众第一次能够通过手机观看奥运比赛的实况直播。而此前两届都没能收获金牌的瑞典队在都灵冬奥会中狂揽 7 枚金牌。

加拿大·温哥华
2010年第二十一届冬季奥运会

  温哥华是加拿大西部第一大城市，位于不列颠哥伦比亚省低陆平原地区，其南部便是美国西北部第一大城市西雅图。它也是北美洲继洛杉矶、纽约之后的第三大制片中心，素有"北方好莱坞"之称。

  温哥华给人印象最深的，就是覆盖冰川的山脚下众岛点缀的海湾，绿树成荫，风景如画，沿海岸线而筑的街道极富特色，多次被评选为全球最宜居城市。银白的冰川、蔚蓝的海滨、绚丽缤纷的满园春色，勾勒出温哥华圣洁端庄、妩媚动人的楚楚倩影。

  2010年在这里举办的第二十一届冬奥会，共有82个国家和地区的2632名运动员参赛，创下历史之最。东道主加拿大不仅以14枚金牌高居金牌榜首位，成为继挪威在1952年奥斯陆冬奥会之后，第二个占据金牌榜首位的冬奥会东道主国家，还创造了单届冬奥会上一个国家获得金牌数量的最高纪录。

俄罗斯·索契
2014 年第二十二届冬季奥运会

　　索契是世界上最狭长的城市之一，东北侧是大高加索山脉，西侧是黑海，整个城市依山势沿海而建，短小的索契河把索契市分为东西两半。索契是全球著名的黑海海滨度假城市，每年接待游客超过 300 万。无论是苏联领导人斯大林、赫鲁晓夫、戈尔巴乔夫，还是俄罗斯两任总统叶利钦、普京，都喜欢到这里度假。索契东北侧的大高加索山脉挡住了西伯利亚的寒风，南部的黑海又吹来温暖的海风，使得它虽与我国的吉林省位于同一纬度却温暖宜人，最低温度也不会低于 5℃。

　　2014 年的索契冬奥会，是俄罗斯历史上第一次举办的冬季奥运会。这届赛事存在不少问题，尤其是俄罗斯被揭露在国家层面支持选手使用禁药，使该届冬奥会蒙上阴影。同时，索契冬奥会总投资规模达到 510 亿美元，打破了北京奥运会在 2008 年创造的耗资 400 亿美元的纪录，当之无愧地成为"史上最贵奥运会"。

韩国·平昌

2018年第二十三届冬季奥运会

平昌郡是韩国的第三大郡，是韩国著名的度假山城。平昌拥有着优越的地理环境，因为属于温带气候，夏季温暖湿润，冬季较为寒冷。平昌处于太白山脉，海拔都在600米以上，最高处达1000米，境内近八成面积被山峦覆盖，拥有多个悠久历史的滑雪场，素有"韩国阿尔卑斯"之称。当地的龙平滑雪场更是网红级别的滑雪胜地，曾是《鬼怪》《冬季恋歌》等热门韩剧的拍摄地。

2018年2月9～25日举行的平昌冬奥会，是韩国历史上第一次举办的冬季奥运会。该届冬奥会共设立包括短道速滑、花样滑冰、自由式滑雪在内的共15个分项、102个小项的比赛，这也创下了冬奥会历史上金牌数量首次过百的纪录。最终，挪威以14金14银11铜的成绩位列奖牌总数第一，一举成为获得冬奥会奖牌总数最多的国家。

嘟嘟,

参加冬奥会和参加夏奥会一样,

都是在奋力拼搏、超越自我。

对身体有缺陷的残疾人运动员来说,

在冬季残奥会上挑战自我,

更值得我们称赞!

6 冬季残疾人奥林匹克运动会

冬季残疾人奥林匹克运动会（简称冬季残奥会）是国际奥委会和国际残疾人奥委会举办的世界残疾人综合运动会，每四年举办一届；办赛级别与夏季残奥会等同，是最高级别的残疾人冬季运动项目比赛。

第二次世界大战结束后，一些在战争中受伤的退伍军人，以百折不挠的精神参与到冰雪运动中，残疾人冬季体育运动逐渐发展起来。

1976年，第一届冬残奥会在瑞典恩舍尔兹维克举行，共有来自16个国家和地区的250名残疾人运动员参加了这届冬残奥会。申办奥运会的城市，必须同时申办残奥会；奥运会后一个月内，在奥运会举办城市的奥运场地上举行残疾人奥运会。至2018年，冬季残奥会已举办了12届，参赛运动员总人数接近4000人。

目前，冬季残奥会共设有高山滑雪、单板滑雪、越野滑雪、冬季两项、轮椅冰壶、残疾人冰球6个分项80个小项的比赛。

2015年7月31日17时57分，国际奥委会第128次全会在吉隆坡举行，投票选出2022年冬奥会举办城市，经过85位国际奥委会委员的投票，北京击败对手阿拉木图，赢得2022年第24届冬季奥林匹克运动会的举办权，北京将成为全球首个举办过夏季残奥会和冬季残奥会的城市。

第二次世界大战结束后，由于有许多受伤的士兵和普通人试图重新参加滑雪活动，残疾人冬季体育运动逐渐发展起来。早期的残疾人冬季体育运动先驱中，失去双腿的奥地利人塞普·茨维克纳格最为著名，他用假肢从事滑雪运动。后来滑雪运动器材设计出现了革新，例如创造出了使用拐杖的三板滑雪，即独腿运动员单脚穿一只滑雪板，再使用分别装配有小滑雪板的双拐，这样雪地上便留下了三条痕迹。

这一革命性器材的出现，最终促成了1948年2月奥地利17名残疾人参加的首届残疾人滑雪比赛的诞生。广大残疾人滑雪爱好者十分欢迎这项比赛，翌年，他们在奥地利的巴德加施泰因举行了首届奥地利三板滑雪锦标赛。

历届冬季残奥会赛事

届数	赛事名称	举办地点		举办时间
		国家	城市	
第1届	1976年恩舍尔兹维克冬季残奥会	瑞典	恩舍尔兹维克	1976年2月21日至1976年2月28日
第2届	1980年耶卢冬季残奥会	挪威	耶卢	1980年2月1日至1980年2月7日
第3届	1984年因斯布鲁克冬季残奥会	奥地利	因斯布鲁克	1984年1月14日至1984年1月20日
第4届	1988年因斯布鲁克冬季残奥会	奥地利	因斯布鲁克	1988年1月17日至1988年1月24日
第5届	1992年阿尔贝维尔冬季残奥会	法国	阿尔贝维尔	1992年3月8日至1992年3月16日
第6届	1994年利勒哈默尔冬季残奥会	挪威	利勒哈默尔	1994年3月17日至1994年3月21日
第7届	1998年长野冬季残奥会	日本	长野	1998年3月7日至1998年3月15日
第8届	2002年盐湖城冬季残奥会	美国	盐湖城	2002年3月8日至2002年3月17日
第9届	2006年都灵冬季残奥会	意大利	都灵	2006年3月10日至2006年3月29日
第10届	2010年温哥华冬季残奥会	加拿大	温哥华	2010年3月12日至2010年3月21日
第11届	2014年索契冬季残奥会	俄罗斯	索契	2014年3月7日至2014年3月16日
第12届	2018年平昌冬季残奥会	韩国	平昌郡	2018年3月9日至2018年3月18日
第13届	2022年北京-张家口冬季残奥会	中国	北京 张家口	2022年3月4日至2022年3月13日

冬季残奥会项目是如何设置的

项目介绍

与冬奥会相比，冬季残奥会的项目设置缺乏全面性和多样性。冬季残奥会受运动员自身功能障碍、场地、器材、环境等多种因素的制约，在项目设置上与冬奥会存在很大差别。

从历史上看，冬季残奥会以雪上项目为主，项目设置呈现"雪强冰弱"的特点。赛事一般设视力残疾、肢体残疾两个残疾运动类别。2022年北京冬残奥会共设6个大项（残奥高山滑雪、残奥冬季两项、残奥越野滑雪、残奥单板滑雪、残奥冰球、轮椅冰壶）共78个小项。

高山滑雪

目前高山滑雪分项共有5个，分别是滑降、超级大回转、大回转、回转和全能，每个分项都分为站姿、坐姿和视力残疾3种类别，男子、女子项目设置相同，共计30个小项。

单板滑雪

单板滑雪项目在人造雪道上进行，雪道设置多种障碍，考验运动员跳跃、翻转等技巧。每名运动员有三次滑行机会，选取最好的两次成绩相加作为总成绩，总用时少者名次列前。

越野滑雪

参赛运动员为肢体残疾和视力残疾的运动员。根据功能损伤不同，运动员可以采用站姿滑雪，也可以采用坐姿滑雪，在一对滑雪板上装备一个椅子，运动员坐在椅子上滑行。视力残疾的运动员由一名视力正常的引导员陪同参加比赛。男女运动员采用传统式或

自由式滑行进行短距离、中距离和长距离（2.5～20公里）比赛或参加团队接力。

冬季两项

冬季两项的总赛程在6～15公里，每圈2.0～2.5公里，采用自由式滑行3圈或5圈。期间，运动员必须击中10米远的射击靶，每次脱靶将被惩罚增加总的路线时间。比赛中最重要的成功因素在于运动员身体耐力和射击精准度之间转换的能力。视力残疾的运动员通过声音信号辅助，依靠信号强度，提示运动员射击的时机。

轮椅冰壶

轮椅冰壶运动是冬季残奥会的正式比赛项目，具有很高的技巧性。轮椅冰壶运动员必须坐在轮椅上进行比赛，比赛采用和健全人同样的规则，差别仅在于轮椅冰壶比赛没有刷冰，且投壶者必须在固定的轮椅上掷壶，除了可以用手掷壶外，还可以用投掷杆挂住壶的上方来掷壶。

轮椅冰壶比赛为混合冰壶赛，每支队伍必须有1名女运动员，赛事产生1枚金牌。首先采用循环赛，然后采用佩奇（page）赛制：排名前四的队伍进入半决赛，半决赛获胜者进入决赛，失利者进入铜牌争夺战，决赛获胜者获得冠军。

残疾人冰球

冬季残奥会的残疾人冰球项目相当于奥运会中的冰球项目。参加这项运动的都是下肢残疾的运动员。比赛时，双方各6名上场队员，比赛进行3局，每局15分钟，中间休息15分钟，进一球得1分，得分多者为胜。残疾运动员用冰橇代替冰鞋，球杆较尖的一端用来推行冰橇，用像船桨的一端击打冰球。

目前残疾人冰球项目设金牌1枚。比赛分两组预赛，每组前两名进入半决赛，半决赛获胜队进入决赛，决赛胜者获得冠军。

> 链接 LINK

中国冬季残奥会的奋斗历程

我国残疾人冬季运动起步较晚，于 2002 年首次派队参赛，截至目前已经参加了五届。虽然参加冬季残奥会的次数不多，但每一次参赛，他们都在创造历史，更彰显了我国残疾人冰雪运动员挑战自我、奋勇拼搏、为国争光的体育精神。

2002 年第八届盐湖城冬季残奥会 / 取得历史性突破

2002 年，我国首次派队参加了在美国盐湖城举办的第八届冬季残奥会，这不仅成为我国征战冬季残奥会历程的起点，同时也开启了我国残疾人冬季运动的奥运序幕。

我国共有 4 名运动员参加了盐湖城冬季残奥会的 2 个分项（高山滑雪、越野滑雪）、3 个组别（站式组、视力残疾组和坐式组）、8 个小项的比赛。最终，韩丽霞取得了视力残疾女子 10 公里越野滑雪比赛的第六名，实现了我国残疾人冰雪运动员在冬季残奥会上的历史性突破。

2006 年第九届都灵冬季残奥会 / 整体实力进步明显

第二次参加冬季残奥会，我国在参赛人数和项目数量上有了明显的增加，共有 8 名运动员分别参加了越野滑雪和高山滑雪 2 个分项，站式组、视力残疾组和坐式组 3 个组别 22 个小项的比赛。

该届冬季残奥会，韩丽霞获得视力残疾女子 5 公里越野滑雪比赛第七名，彭园园、王金友、张杰等运动员也分别进入前 30 名，表明我国残疾人冰雪运动的整体实力已经有了明显的进步。

2010 年第十届温哥华冬季残奥会 / 取得历史最好成绩

温哥华冬季残奥会上我国派出了以付春山为代表的 7 名运动员，参加了越野滑雪大项 10 个小项的比赛。

虽然受新老队员交替的影响，我国代表团在参赛运动员的人数和项目上略有缩减，且没有实现奖牌"零"突破的预期，但我国残疾人冰雪体育健儿依然取得了个人项目第五名的历史最好成绩。同时，两名运动员获得了个人项目第七名的成绩。

2014 年第十一届索契冬季残奥会 / 参赛规模创历史之最

索契冬季残奥会上，我国代表团只参加了越野滑雪、轮椅冰壶 2 个项目 5 个小项的比赛，但代表队的参赛规模却创历史之最，参赛运动员达到了 10 名之多。

在这届冬季残奥会上，我国残疾人冰雪运动员虽然再次与奖牌失之交臂，但在轮椅冰壶项目上取得了第四名的成绩，创造了我国冬季残奥会集体项目的最好参赛成绩。

2018 年第十二届平昌冬季残奥会 / 实现奖牌和金牌"零"的突破

26 名运动员组成的中国队参加了平昌冬季残奥会除雪橇、冰球外的 5 个大项共 30 个小项的比赛。其中，冬季两项、高山滑雪、单板滑雪都是首次参赛。这也是我国参加冬季残奥会以来参赛运动员人数、参赛项目、代表团规模最大的一次。

在平昌，我国残疾人冰雪运动员再创佳绩。平昌江陵冰壶中心赛道上，在之前 5：5 打平的情况下，王海涛于加时局掷出的最后一投，封死了挪威队的进攻路线，我国轮椅冰壶队实现了我国冬季残奥会奖牌和金牌"零"的突破！此外，郑鹏在越野滑雪男子坐姿 15 公里比赛中获第五名，创我国冬季残奥会个人项目最好成绩。

6 冬季残疾人奥林匹克运动会

嘟嘟,

2022 年,冬奥会将第一次来到中国。

北京也将成为历史上首个"双奥"城市。

和冬奥会的第一次亲密接触,

带动三亿人参与冰雪运动的伟大实践,

会给北京、给中国带来什么?

你期待那一天的到来吗?

7　中国与冬奥会

那些年，我们参加过的冬奥会

我国冰雪运动员的奥运之路可谓历经风雪。从 1980 年第一次参赛到 1992 年第一次站上领奖台，从 2002 年第一次夺金再到 2018 年取得多个项目的突破，一届又一届的冰雪健儿前赴后继，展现出了无数激动人心的时刻，创造了我国的冬奥历史……

1980 年第十三届普莱西德湖冬奥会 /
中国首次出席冬季奥运会

普莱西德湖冬奥会是 1979 年中国奥委会在国际奥委会恢复合法席位后，首次派队参加的冬奥会。我国派出了由 28 名男女运动员组成的代表团，参加了滑冰、滑雪、冬季两项等 5 个大项 18 个小项比赛。但由于我国参赛选手当时缺乏大赛经验，竞技水平与世界先进水平有较大差距，致使我国运动员在所参加的 18 个小项比赛中无一进入前六名。此次冬奥会是我国代表团首次站在世界冬奥会的舞台上，虽然成绩不尽如人意，但对我国奥运却有着里程碑式的意义，也标志着我国冬季运动进入一个新的历史阶段。

1984 年第十四届萨拉热窝冬奥会 /
海峡两岸选手首次同时参加奥运会

1984 年，中国代表团派出 37 名运动员参加了萨拉热窝冬奥会滑冰、滑雪、冬季两项中 26 个小项的比赛。中华台北奥委会派出了 14 名运动员参加比赛，这是海峡两岸选手第一次同时参加奥运会。虽然这次中国队比赛成绩平平，没有运动员取得奖牌，但许多项目成绩均超过上届（普莱西德湖冬奥会），4 年来我国冰雪运动取得的进步也是有目共睹。

1988 年第十五届卡尔加里冬奥会 /
五星红旗首次在冬奥会赛场上升起

　　该届冬奥会我国共派出 20 名运动员，参加了速滑、花样滑冰、越野滑雪 3 个分项 18 个小项的比赛。我国台北奥委会派出 13 名运动员参加了滑雪、花样滑冰等项目的比赛。我国运动员李琰在该届冬奥会女子短道速滑表演赛中获 1000 米金牌、500 米铜牌和 1500 米铜牌，让五星红旗首次在冬奥会赛场上升起！速滑的比赛成绩在该届冬奥会中也有明显提高，王晓燕在女子 5000 米速滑比赛中获得第 16 名，张青在女子 3000 米速滑比赛中获得第 21 名。通过该届冬奥会，我国运动员看到了自己的潜力，增强了信心，为实现冬奥会正式项目比赛奖牌"零的突破"打下了基础。

1992 年第十六届阿尔贝维尔冬奥会 /
中国实现冬奥会奖牌"零的突破"

　　该届冬奥会我国派出了由 34 名运动员组成的代表团，参加了滑雪、滑冰、冬季两项等项目的比赛。我国健儿在比赛中不畏强手、奋力拼搏，共获银牌 3 枚。这是我国参加冬奥会 12 年来，首次实现了冬奥会正式比赛项目奖牌"零的突破"。李琰为中国队夺得 1 枚短道速滑银牌，女子速滑选手叶乔波，在比赛中带伤上阵，顽强拼搏，夺得 500 米和 1000 米两个项目的银牌。虽然她并未取得金牌，但她所表现出来的不屈不挠的精神感染了每一位国人。

1994 年第十七届利勒哈默尔冬奥会 /
女子单人花滑水平进入世界前列

　　在利勒哈默尔冬奥会上，我国派出了由 27 名运动员组成的代表团，参加了速滑、短道速滑、花样滑冰、冬季两项和自由式滑雪等项目。比赛中，我国运动员正常发挥，其中张艳梅获 500 米短道速滑银牌，叶乔波获 1000 米速滑铜牌，陈露获花样滑冰女子单人铜牌。中国队最终以 1 银 2 铜的成绩排在奖牌榜的第十九位。特别是陈露获得的铜牌，标志着我国女子单人花样滑冰水平已进入世界前列。

1998 年第十八届长野冬奥会 /
杨扬创造中国选手冬奥奖牌新纪录

长野冬奥会我国代表团派出了 60 名运动员，参加了短道速滑、速滑、花样滑冰、女子冰球、自由式滑雪、冬季两项、越野滑雪等 40 个小项的比赛。我国运动健儿在比赛中团结奋战，取得了与前几届相比更加喜人的成绩，共获 6 枚银牌、2 枚铜牌，尤其在短道速滑男女 6 个项目中，每项都有奖牌进账。

杨扬在与队友联手夺得接力项目的银牌之后，又夺得女子 500 米和 1000 米 2 枚银牌，成为历届冬奥会夺得奖牌最多的我国选手。我国男子运动员李佳军在身体条件欠佳的情况下为中国队夺得 1000 米银牌，成为我国冬奥会史上获得男子奖牌的第一人。在男子 500 米比赛中，17 岁的小将安玉龙不惧强敌、战胜自我，也夺得一枚宝贵的银牌。此外，他还和队友在 5000 米接力赛中，战胜加拿大队和意大利队等老牌劲旅，获得铜牌。花样滑冰女运动员陈露也用自己优异的表现获得了一枚来之不易的铜牌。

2002 年第十九届盐湖城冬奥会 /
杨扬为中国夺得首枚冬奥会金牌

我国在盐湖城冬奥会中派出了由 72 名运动员组成的代表团，并在此次冬奥会中取得了金牌"零的突破"。在短道速滑女子 500 米决赛中，杨扬击败了保加利亚的拉达诺娃和队友王春露，夺得了冠军，为我国取得了第一枚冬奥会金牌。此后，她又获得了女子 1000 米比赛的金牌，并与队友合作获得了女子 3000 米接力的银牌。同时，在花样滑冰的赛场上，申雪、赵宏博打破了欧美运动员在这一领域内对奖牌的垄断局面，以出色的发挥拼下一枚双人滑铜牌。

2006 年第二十届都灵冬奥会 /
中国队冰雪项目取得新的突破

在都灵冬奥会中，我国派出了由 76 名运动员组成的代表团，其中男子运动员 36 名，女子运动员 40 名，共参加短道速滑、花样滑冰、速滑、自由式滑雪、越野滑雪、高山滑雪、跳台滑雪、单板滑雪、冬季两项 9 个分项 47 个小项的角逐，并最终获得了 2 金 4 银 5 铜的优异成绩。尽管在金牌数量上与上届持平，但获得 11 枚奖牌却已经创造了历史。

在优势项目短道速滑比赛中，我国女子短道速滑名将王濛获得了 500 米赛金牌，还获得了 1000 米亚军、1500 米季军。韩晓鹏在自由式滑雪男子空中技巧项目的比赛中"一鸣惊人"，夺得金牌，成为首个获得自由式滑雪金牌的亚洲选手。"三朵金花"李妮娜、徐囡囡、郭心心在空中技巧项目决赛中也分别获得第二、四、六名的佳绩，显示出了我国冬奥会运动员强大的整体优势，这意味着中国队在冰雪项目上又取得了新的突破。

2010 年第二十一届温哥华冬奥会 /
王濛成就单届冬奥会三金壮举

温哥华冬奥会我国共有 91 名运动员出征，代表了我国冰雪界的全部顶尖选手，他们参加了短道速滑、花样滑冰、速滑、自由式滑雪、越野滑雪、高山滑雪、单板滑雪、女子冰球、冰壶、冬季两项 10 个分项 49 个小项的角逐，获得 5 枚金牌、2 枚银牌和 4 枚铜牌，创造了中国队参加冬奥会以来的最好成绩。

在短道速滑项目上，女队包揽了全部四个小项的金牌。其中，王濛不仅在 500 米短道速滑赛中成功卫冕，还夺得了 1000 米和 3000 米接力 2 枚金牌。她因此成为中国队当时获得冬奥会金牌（4 枚）和奖牌总数（6 枚）最多的运动员，以及第一位单届冬奥会获得 3 枚金牌的我国运动员。周洋获得 1500 米金牌，当时年仅 18 岁的她由此成为中国最年轻的冬奥会冠军。

值得一提的是，已于 2007 年退役的花样滑冰双人滑搭档申雪、赵宏博夫妇强势复出，在该届冬奥会上如愿夺冠，并创造了总得分最高的世界纪录。另一对搭档庞清、佟健也获得了该项目的银牌。

2014 年第二十二届索契冬奥会 /
张虹实现女子 1000 米速滑项目历史性突破

索契冬奥会我国共派出了 66 名参赛运动员，参加了高山滑雪、冬季两项、越野滑雪、冰壶、花样滑冰、自由式滑雪、短道速滑、单板滑雪和速滑 9 个项目的比赛，最终获得 3 枚金牌、4 枚银牌和 2 枚铜牌。总成绩与上届温哥华冬奥会相比略有下降，排名金牌榜第十二位。

该届冬奥会中，我国代表团短道速滑头号选手王濛和速滑主将于静因伤缺席，但短道速滑女将李坚柔为中国队拿到首金，周洋则在女子 1500 米短道速滑赛中成功卫冕。张虹在女子 1000 米速滑项目中完成历史性突破，取得冠军。

在自由式滑雪空中技巧赛中，我国代表团收获 1 银 1 铜。虽然此项比赛没有金牌进账，但这个项目在历届冬奥会中共拿到了 1 金 4 银 3 铜的成绩，已经是我国代表团第二号奖牌大户。

2018 年第二十三届平昌冬奥会 /
中国首次实现滑冰和滑雪项目参赛人数持平

平昌冬奥会，82 名我国运动员参加了 5 个大项 12 个分项 55 个小项的比赛，参赛项目为历届最多。最终取得 1 金 6 银 2 铜，排名奖牌榜第十六位。

该届我国代表团的金牌数较少，但 9 枚奖牌的成绩仅次于 2010 年温哥华冬奥会。除此之外，突破、年轻成为该届冬奥会的重要看点，我国选手在多个项目上取得历史最好成绩，一批年轻小将出现在平昌冬奥会的赛场上，挑起各自队伍的大梁。

该届冬奥会，我国代表团首次实现滑冰和滑雪项目参赛人数持平，首次获得钢架雪车、雪车、女子跳台滑雪、女子单板滑雪平行大回转等多个小项的参赛资格，中国队的奖牌来源也由以往的 3 个分项增加到 5 个分项。

筹办冬奥会，非常举措获点赞

2015年7月31日，在马来西亚吉隆坡举办的国际奥委会第128次全会上，北京联合张家口成功获得2022年第二十四届冬奥会举办权。北京，这座拥有悠久历史的古都再一次与奥运结缘，成为第一座举办夏奥会和将举办冬奥会的城市。从此，进入"冬奥时间"的中国，再次向世界发出邀请——北京欢迎你，为你开天辟地！

筹办冬奥会将使更多地区长期受益

"可承受、可收益、可持续"是国际奥委会办奥新模式的目标，这与北京冬奥会"绿色办奥、共享办奥、开放办奥、廉洁办奥"的理念不谋而合。

北京在筹备过程中的一项创新实践，就是"双奥"场馆的推出。在北京赛区的13个场馆中，包括"鸟巢"、五棵松体育馆、首都体育馆在内，有11个都曾承办过2008年奥运会。这些"双奥"场馆将载入奥林匹克史册。

按照建设计划，2020年北京市52项冬奥场馆和配套基础设施建设项目将新开工3项，届时累计开工51项、开工率达到98%；计划完工23项，届时累计完工47项、完工率达到90%；北京赛区、延庆赛区冬奥会竞赛场馆将全部完工。标志性场馆中，首钢滑雪大跳台已于2019年竣工投用并举办"沸雪"赛事，这是北京赛区首个完工的新建比赛场馆，也是世界上首个永久性保留的滑雪大跳台。

张家口赛区"三场一村"（国家跳台滑雪中心、国家越野滑雪中心、国家冬季两项中心和奥运村）在冬奥会后，将作为奥运遗产永久保留，成为奥林匹克公园，并将依托奥运影响和云顶滑雪公园冬奥竞赛场地以及周边雪场资源，打造以承办国内外顶级冰雪竞技赛事、大众冰雪旅游度假为特色的世界冰雪体育运动胜地和世界冰雪旅游目的地。

此外，京张高铁、延崇高速等重大基础设施项目的建设进展顺利，这些项目完工后，不仅会保障冬奥会的顺利举办，也将成为带动区域综合协调发展的强大助推器。

国际奥委会北京冬奥会协调委员会评价认为，北京冬奥会在筹办中不仅充分利用场馆遗产，还把长期的、可持续性的方案纳入不同项目中，这些成就将使北京、河北乃至中国更多地区长期受益。

群众参与冰雪运动热情持续升温

申办2022年冬奥会时，我国提出了"带动三亿人参与冰雪运动"的承诺和目标。几年来，全国各地积极开展冰雪运动的普及推广，群众参与冰雪运动的热情持续升温。

在北京，像滑冰、轮滑、旱地冰球等冰雪体育运动已经进入部分中小学校园；在新疆，从2018年11月到2019年3月，阿勒泰市有9000多名中小学生在滑雪场接受专业的滑雪训练；在2018～2019雪季，崇礼七大滑雪场门票销售首次突破百万大关，累计达到107.9万张，同比增长25.9%。2018年11月，第五届大众冰雪季启动仪式在上海举行，冰雪季首次走出北方。这是推进冰雪运动四季拓展、"南展西扩东进"的实践，对"带动三亿人参与冰雪运动"起到了积极的示范和引领作用。

《中国滑雪产业白皮书（2019年度报告）》指出，总体而言，2019年中国的滑雪产业依旧保持着增长的态势。数据显示，2019年，国内滑雪场新增28家，包括5家室内滑雪场，总数达到770家，增幅3.77%。国内滑雪场的滑雪人次由2018年全年的1970万，上升到2019年的2090万，同比增幅为6.09%。

为了充分利用 2022 年北京冬奥会这一重大机遇，调动各方面大力发展冰雪运动的积极性，全面提高我国冰雪运动水平，2019 年 3 月，中共中央办公厅、国务院办公厅印发了《关于以 2022 年北京冬奥会为契机大力发展冰雪运动的意见》，文中明确提出，到 2022 年，我国冰雪运动总体发展更加均衡，普及程度明显提升，冰雪运动竞技水平明显提高，冰雪产业规模明显扩大，全面提高冰雪运动水平，努力实现我国冰雪运动跨越式发展。随后，《冬季运动振兴发展规划》、《冰雪运动发展规划（2016-2025）》、《京津冀体育产业协同发展行动计划》数个政策相继出台，行稳致远，北京冬奥会正在向着"带动三亿人参与冰雪运动"的美好愿景进发，这不仅是为中国留下丰厚的奥运遗产，对全球冬季运动的发展也将是一个具有里程碑意义的事件。

中国健儿"全面参赛、全面突破、全面带动"

　　北京冬奥会共设 7 个大项，15 个分项，109 个小项。2018 年 9 月，国家体育总局在《2022 年北京冬奥会参赛实施纲要》中明确提出"全面参赛、全面突破、全面带动"的目标。

　　目前，经过"2018 扩面、2019 固点、2020 精兵"连续三年的工作，中国队相继实现了北京冬奥会 109 个小项"全项目开展"、"全项目建队"、"全项目训练"的目标。备战选手从 2019 年底的 1100 余人精简至 500 余人。2021 年 2 月，北京冬奥会迎来倒计时一周年的关键期，这也意味着中国冬奥军团进入了"冲刺"阶段的备战。目前，冰雪项目国家集训队分别在北京首钢、延庆、河北承德、张家口、涞源等地集训，按照"每天都是奥运会"的要求，进行实战模拟演练。

　　在往届冬奥会上，中国体育代表团给人以"冰强雪弱"的印象，但冬奥会进入"北京周期"以来，中国雪上项目正在迎头赶上。传统雪上强项自由式滑雪空中技巧继续保持优势，自由式滑雪 U 型场地、坡面障碍技巧、单板滑雪女子 U 型场地、男子坡面障碍技巧和大跳台、钢架雪车等项目上也频创佳绩。

　　国家体育总局冬季运动管理中心主任倪会忠在接受媒体采访时表示，接下来会根据情况有序恢复国内各项冰雪赛事，做好"冲刺"阶段各项安排，"经过全国锦标赛、冠军赛、国家队选拔赛和奥运选拔赛至少四轮筛选后，我们将选出最优秀、最能代表中国冰雪军团实力的运动员进入北京冬奥会参赛阵容。"

北京冬奥会赛区巡礼

比赛项目（分三个赛区）

冰上项目

北京赛区：短道速滑、速度滑冰、花样滑冰、冰球、冰壶。

雪上项目

张家口崇礼赛区：越野滑雪、跳台滑雪、北欧两项、自由式滑雪、单板滑雪、冬季两项。

延庆赛区：高山滑雪、雪橇、雪车、钢架雪车。

新增小项

2018年7月18日，国际奥委会宣布，2022年北京冬奥会新增7个比赛小项，届时总共将产生109枚金牌。同时女性运动员的参赛比例进一步提高，参赛运动员的男女比例更趋于平衡。

在瑞士洛桑举行的国际奥委会执委会会议通过了有关北京冬奥会项目设置的方案。新增的7个小项为女子单人雪车、短道速滑混合团体接力、跳台滑雪混合团体、自由式滑雪大跳台（男子、女子）、自由式滑雪空中技巧混合团体和单板滑雪障碍追逐混合团体。

场地交通

2022年北京冬奥会将提供由航空、高速铁路、高速公路、地方道路等多种交通基础设施组成的立体互补的交通服务。3个奥运村的设置使奥运村至竞赛场地、训练场馆的交通时间最小化，其中北京赛区在15分钟之内，延庆赛区在10分钟之内，张家口赛区在5分钟之内。

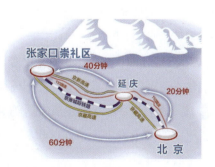

北京还将沿用 2008 年奥运会的交通经验,包括:在与奥运需求相关的主要道路上设置奥运专用道、设置奥运专用公交线路和公交场站、为各类冬奥会客户群提供专门的运输保障服务。此外,已有及新建交通运输项目将体现绿色、环保的可持续发展战略和模式。

比赛场馆

2022 年北京冬奥会和冬季残奥会开闭幕式计划在北京市区举行,共举办包括滑冰(含短道速滑、速度滑冰、花样滑冰)、冰球、冰壶在内的 3 个大项 5 个分项的所有冰上项目比赛。北京赛区一共有 5 座竞赛场馆,其中 4 座分别是水立方、国家体育馆、五棵松体育馆和首都体育馆,这 4 座体育馆将分别举办冰壶、男子冰球、女子冰球、短道速滑和花样滑冰的比赛。冬奥会需要

水立方

的 12 个冰上项目场馆,已经有 11 个是现成的,此外还需要在北京奥林匹克森林公园网球中心南侧新建一个场馆——国家速滑馆。

国家体育馆

五棵松体育馆

首都体育馆

张家口市崇礼区将举办跳台滑雪、单板滑雪、自由式滑雪、北欧两项、冬季两项和越野滑雪项目的比赛。2015 年 1 月 19 日冬奥申委公布了在张家口市崇礼区拟建奥运场馆的规划情况,将新建改建 5 个比赛场地,分别是北欧中心越野滑雪场、北欧中心跳台滑雪场、冬季两项中心、云顶滑雪公园场地 A 和 B。

位于北京西北部距离市区约 90 公里的延庆区小海坨山区,将举行雪橇、雪车和滑雪大项中的高山滑雪项目。这里将有两个竞赛场馆,分别是国家高山滑雪中心和国家雪车雪橇中心。

北京赛区有 5 个竞赛场馆,张家口赛区有 5 个竞赛场馆,延庆赛区拥有国家高山滑雪

中心、国家雪车雪橇中心两个竞赛场馆，此外还包括北京奥运村、北京赛区颁奖广场、延庆奥运村、山地新闻中心这些非竞赛场馆，竞赛场馆 12 个、非竞赛场馆 13 个，25 个场馆中 10 个为现有，6 个为计划建设，4 个为冬奥会建设，还有 5 个为临时建设，所有新建场馆都将满足国际绿色建筑评价认证 LEED 标准。

截至 2020 年底，北京冬奥会和冬残奥会 12 个竞赛场馆全部完工，非竞赛场馆建设稳步推进，三个冬奥村基础设施建设基本完工。京张高铁、京礼高速全线通车，水务、电力、气象等基础设施建设同步推进。预计到 2021 年 6 月底之前，包括非竞赛场馆在内的所有场馆将全部完工。

值得一提的是，2021 年 1 月，在北京主赛区标志性场馆、唯一新建的冰上竞赛场馆——国家速滑馆，建设者们完成了亚洲最大冰面（1.2 万平方米）的首次制冰工作，一次性完成了奥运历史上首次大规模、最新、最环保的二氧化碳制冰。通过这项技术，能够实现冰面温度差不超过 0.5℃。

2021 年 1 月 28 日，国际奥委会主席巴赫在接受媒体采访时表示，北京冬奥筹办工作进展十分平稳顺利，"几乎是一个奇迹"。

链接 LINK 1
北京冬奥会筹备大事记

01 2015年7月31日，北京申办冬奥会成功。

02 2015年12月15日，北京冬奥组委正式成立，开始按计划有序推进各项筹办工作。按照国际奥委会的要求，冬奥会筹办工作共分为5个阶段，即已经完成的基础规划阶段，正在进行的专项计划阶段以及后续开展的测试就绪阶段、赛时运行阶段和总结善后阶段。

03 2017年12月15日，冬奥会会徽在国家游泳中心水立方正式亮相。

04 2018年8月8日，北京奥运会开幕十年之际，北京冬奥会向全球正式征集吉祥物的设计方案。

05 2019年5月10日，2022年北京冬奥会倒计时1000天活动在奥林匹克公园玲珑塔南侧广场举行，标志着冬奥筹办工作迈入一个关键周期。

06 2019年9月17日，北京冬奥会吉祥物"冰墩墩"和冬残奥会吉祥物"雪容融"正式亮相。"冰墩墩"以熊猫为原型进行设计创作，"雪容融"则以中国标志性符号的灯笼为创意进行设计创作。

07 2020年10月19日，北京冬奥会和冬残奥会世界媒体大会通过远程视频会议方式揭幕。来自国际奥委会、各国（地区）奥委会、国际单项体育联合会及全球媒体代表400余人参会。

08 2020年12月31日，北京冬奥会和冬残奥会体育图标正式发布。

09 截至2020年底，所有竞赛场馆完工，全球168个国家和地区超过100万人报名参与志愿者招募。

链接 LINK 2

北京申办 2022 年冬奥会大事记

2013 年 11 月 3 日，中国奥委会正式致函国际奥委会，提名北京市为 2022 年冬奥会的申办城市。结合北京实际，北京申办 2022 年冬奥会的三大理念确定为"以运动员为中心、可持续发展、节俭办赛"。

2014 年 3 月 14 日，国际奥委会宣布，中国北京、波兰克拉科夫、挪威奥斯陆、哈萨克斯坦阿拉木图和乌克兰利沃夫 5 个城市正式申办 2022 年冬奥会。

2014 年 7 月 7 日，国际奥委会宣布，中国北京与挪威奥斯陆、哈萨克斯坦阿拉木图三座城市正式入围 2022 年冬奥会候选城市。

2014 年 8 月 1 日，以中国书法"冬"字为创作主体的北京申办 2022 年冬奥会的标识，在北京冬奥申委第一次全体会议上正式亮相。

2015 年 1 月 6 日，北京冬季奥林匹克运动会申办委员会在瑞士洛桑向国际奥委会提交 2022 年冬奥会《申办报告》。

2015 年 3 月 24～28 日，国际奥委会评估团来华评估考察。

2015 年 6 月 1 日，国际奥委会公布 2022 年冬奥会候选城市《评估报告》。

2015 年 6 月 9～10 日，北京冬季奥林匹克运动会申办委员会赴瑞士洛桑出席 2022 年冬奥会候选城市与国际奥委会委员陈述交流会。

2015 年 7 月 31 日，在马来西亚吉隆坡举行的国际奥委会第 128 次全会上，国际奥委会主席巴赫宣布：中国北京获得 2022 年第二十四届冬季奥林匹克运动会举办权。中国北京成为历史上第一个既举办过夏奥会又举办冬奥会的城市。

8　冬奥文化

竟然还有这种操作！
不在冬天也可以玩的冰雪运动

高温难耐的酷暑，让喜欢冰雪运动的小伙伴们很是惆怅，如何能在炎热的夏日也能玩上冰雪运动？这看似不可能的事情如今已经慢慢实现了。将传统冰雪项目移植到了陆地上，这样既降低了群众参与的门槛，也吸引了更多的冰雪爱好者参与其中，下面让我们一起来看看这些新鲜玩法的冰雪运动吧！

越野滑雪夏季滑轮

越野滑雪夏季滑轮是一种模拟冬季越野滑雪的运动，最初是为了在无雪季节保持训练而产生的，如今已有40余年的历史，目前已经成为独立的竞技运动。大多数的越野滑雪运动员在非雪季都会利用它来保持训练，提高竞技水平。如今这项运动不再局限于专业滑雪运动员，已扩展至滑雪爱好者、纯轮滑爱好者。如同越野滑雪，有关越野滑轮的赛事也多种多样，小至社区比赛，大至锦标赛。

越野滑雪夏季滑轮的比赛项目一般分为男子传统式滑行、女子传统式滑行、男子自由式滑行、女子自由式滑行和团体混合接力滑行五种。滑行技术分为传统技术和自由技术。

越野滑雪夏季滑轮是非常好的有氧运动之一，在运动时全身95%的肌肉都能参与其中，快速消耗热量。与在真雪上的越野滑雪相比，越野滑雪夏季滑轮最突出的优势在于运动场地限制小，只要是坚硬的路面就可以滑行，不论是室内还是室外，水泥地或塑胶跑道都可以练习，也没有季节的限制。而且越野滑雪夏季滑轮更安全，运动风险要低很多，装备使用的是充气轮胎，且全身上下必须穿戴护具，可大大减少运动损伤风险。

滑雪冠军越野滑轮
真人秀

陆地冰壶

冰壶在中国可谓是冰上"贵族运动",不仅装备贵,而且冰壶场馆的造价也十分高昂,因此将冰壶转移、延伸到陆地上,就出现了陆地冰壶运动。国际上早先虽有陆地冰壶先例,但是其赛道短,壶质为塑料,滑行无规律,大多为娱乐性质。近年,由中国研发的陆地冰壶赛道不仅达到了20.5米的长度,还通过对场地、壶底、润滑等工艺的研发,实现了陆地冰壶的滑行规律与冰壶相似,在国际上达到先进水平。

陆地冰壶的规则基本和冰壶运动相似,但目前在国内的比赛中不允许刷冰,所以比赛非常考验投手投壶的准确度。陆地冰壶对于场地的要求低,运动的成本低、门槛低,大大促进了冰壶运动的群众参与度。

轮滑冰球

轮滑冰球与冰球有着相似的技术和战术要求,具有很强的对抗性,运动员脚穿单排轮滑鞋,身着护具。这一新兴竞技运动以其超乎寻常的惊险、刺激吸引了大众的注意力。

轮滑冰球的比赛规则与冰球类似,但运动员穿的是单排轮滑鞋,比赛场地也不是冰面,而是硬质地面。2017年国家体育总局在第十三届全运会上正式增设轮滑冰球大项;比赛时每队可上场5名运动员和1名守门员,加时赛每队可上场3名运动员和1名守门员。比赛采用3分制,60分钟内胜队得3分,负队0分,60分钟内平局,每队则各得1分。

轮滑冰球的比赛场面速度快,精彩激烈,场地也不受限制,学校操场、篮球场、公园

场地都可以开展，因此备受大众喜爱。

滑旱雪

滑旱雪

滑旱雪起源于欧洲，是运动员及滑雪爱好者在一种由耐候性较好的改性塑料制作的模拟雪面上练习滑雪，完成基本技术动作的运动。对于普通滑雪爱好者和大众来说，旱雪场馆既可以建在城市中也可以配套在景区，是一个将滑雪大众化、平民化的利民工程。与陆地轮滑替代滑冰不同，滑旱雪与滑真雪所穿戴的装备没有任何区别，所以有人称旱雪场是"滑雪驾校"，是培养滑雪爱好者的摇篮。

我国旱雪出现在 2010 年，具有独特性和创造性，它与传统的毛刷状旱雪结构完全不同。我国旱雪的结构经改良，成为类似"金针菇"一样表面充满无数圆珠的结构，并配合创新的高弹性工程塑料区别于欧美粗糙的旱雪结构，成为世界旱雪的升级替代品并发展迅猛。圆珠组成的旱雪表面，既能很好地保护滑雪者，也提升了旱雪的真雪模拟性和润滑性，使两者的相似度达到了 90% 以上。

室内滑雪机

室内滑雪机用于普及滑雪运动，有助于滑雪技能训练与进阶。室内滑雪机应用特质材料模拟雪道表面，通过滚轴转动滑雪毯使得雪道变得"无限长"，大众可轻松通过滑雪机，

迅速、安全地掌握滑雪技能。

室内滑雪机比较方便教练一直在身边指导，纠正动作。坡度可以根据自己的需要调节。室内滑雪机利于细致地打磨动作，重复动作，加深肌肉记忆，形成固定动作。场地选择也比较灵活，在非雪季可以用作练习。

滑雪机滑雪技术
真人示范

设计的精华
——细数历届冬奥会海报

历届冬奥会都有各自的宣传方式,下面就带领大家领略一下海报的精彩设计。

第一届夏蒙尼冬奥会(1924 年)

该届冬奥会海报中振翅高飞的雄鹰紧抓橄榄枝俯视大地,大地上白雪皑皑,5 人雪橇选手正在紧张比赛中。这幅海报浓缩了第一届冬奥会举办地法国的万种风情。

第二届瑞士圣莫里茨冬奥会(1928 年)

该届冬奥会海报主体是迎风飘扬的瑞士国旗与奥运会会旗,蓝色的背景既代表瑞士清澈的蓝天,又象征着国际奥林匹克运动的纯洁与世界人民的和平友爱。

第三届美国普莱西德湖冬奥会(1932 年)

该届冬奥会海报前景是一名跳台滑雪运动员的剪影,背景是标示出普莱西德湖位置的美国地图,奥林匹克五环标志在画面底部衬托着跳台滑雪运动员矫健的身姿。

第四届德国加米施-帕滕基兴冬奥会(1936 年)

该届冬奥会海报主体为一名正在致敬的高山滑雪运动员,胸前为金色的奥林匹克五环标志,代表奥林匹克精神。

第五届瑞士圣莫里茨冬奥会(1948 年)

该届冬奥会海报画面展示了两名滑雪者在雪山上观看太阳发出缤纷多彩的光芒,表示第二次世界大战结束后和平的光芒照亮了世界,右上角的标志代表该届冬奥会的主办国瑞士。

第六届挪威奥斯陆冬奥会(1952 年)

该届冬奥会海报设计规则要求必须有飘扬的五环旗,挪威最终选择了努特·伊恩设计的"国旗与五环旗"作为海报。

第七届意大利科蒂纳丹佩佐冬奥会（1956 年）

该海报与冬奥会徽一致，意为奥运来到山城，运动会虽在寒冬举行，但米黄色却让人感到温暖、舒适。

第八届美国斯阔谷冬奥会（1960 年）

该海报在斯阔谷冬奥会会徽的基础上，在背景中加入了冰雪画面，使画面更有立体感。

第九届奥地利因斯布鲁克冬奥会（1964 年）

该海报主体为冰晶的切片，在画面中心嵌有奥林匹克五环标志，极具代表性和感染力。

第十届法国格勒诺布尔冬奥会（1968 年）

此画面表现了奥运五环像滑雪运动员一样向前急速滑行，代表奥林匹克运动会更快、更高、更强的精神。

第十一届日本札幌冬奥会（1972 年）

画面最上方是该届冬奥会会徽，而下方是一个三角和椭圆形，表达了从起点一直走向目的地的过程，代表奥林匹克运动会坚韧不拔的精神。

第十二届奥地利因斯布鲁克冬奥会（1976 年）

画面的主体既像高山滑雪的场地又像滑冰鞋的刀尖，右侧的彩色山峰为蒂罗尔山，上面为奥林匹克五环标志，代表奥林匹克运动与冬季特点紧密结合。

第十三届美国普莱西德湖冬奥会（1980 年）

该海报与会徽基本一致，不同的是在"奥林匹斯山"的三个空隙加上了红白蓝三色，代表美国国旗的三个颜色。

第十四届南斯拉夫萨拉热窝冬奥会（1984 年）

画面主体为 1984 年冬奥会会徽，映衬背景为雪片破碎的一刹那，与会徽相映成趣。

第十五届加拿大卡尔加里冬奥会（1988 年）

海报主体为该届冬奥会会徽，背景为卡尔加里的城市夜景，上方为英文和法文介绍，"加拿大卡尔加里的第十五届冬奥会，将在 1988 年 2 月 13 ~ 28 日举行"。

第十六届法国阿尔贝维尔冬奥会（1992 年）

山、白色的雪、蓝色的天空、黄色的太阳，还有奥林匹克五环标志，大胆的颜色设计与朴素的元素搭配，使该届冬奥会海报让人眼前一亮。

第十七届挪威利勒哈默尔冬奥会（1994 年）

画面抽象地表现了一名滑雪运动员手拿火炬向前滑行的形象，在画面中还展示了该届冬奥会没有的 12 个冬季运动项目。

第十八届日本长野冬奥会（1998 年）

该海报是由日本艺术家青叶益辉设计的，画面显示拂晓时分一只画眉停落在山头插着的雪杖上，倡导人类与自然和谐共处。

第十九届美国盐湖城冬奥会（2002 年）

盐湖城冬奥会的海报极为简单，主体为盐湖城冬奥会会旗在雪山上飘扬，下面是该届冬奥会的英、法文介绍。

第二十届意大利都灵冬奥会（2006 年）

该届奥运会会徽创意来源于 19 世纪建造的安东内利木质尖塔，由米兰贝宁卡萨·胡斯曼设计工作室制作。尖塔的抽象设计从 1300 幅应征作品中脱颖而出。

第二十一届加拿大温哥华冬奥会（2010 年）

海报的主体是半片枫叶，枫叶靠左，右上角是 2010 年冬奥会会徽。海报上的枫叶颜色蓝绿相间，代表着温哥华冬天的颜色——蓝天、大海和雪山。枫叶上充满动感的、不同形状的线条，以及冰球、花样滑冰和高山滑雪等项目的插图传递着冬奥会的活力元素。

第二十二届俄罗斯索契冬奥会（2014 年）

该届冬奥会海报体现了冰冷的海水下涌动出的奥运热情。"HOT. COOL. YOURS."热情和冰冷都属于你。

第二十三届韩国平昌冬奥会（2018 年）

画面主体为该届冬奥会吉祥物白老虎 Soohorang，象征着冬奥会与自然环境的密切联系。上方用英文揭示了海报主题：激情相连，寓意通过热情洋溢的冬季运动，运动员、志愿者、观众们将欢聚在一起。

奥运会海报

奥运会海报是历届奥运会举办国最重视的文化信息传播媒介之一。

海报由奥组委选定,是奥运会具体"视听"的一部分。随着时间的推进,奥运会海报逐渐演变成奥运会必不可少的一种形象代表和标志。

1896年,在希腊雅典举办的现代奥运会上,并没有宣传该届运动会的正式海报。直到1912年瑞典斯德哥尔摩奥运会,才开始正式规划和运作奥运会海报。为了汇集世界各地的运动员和观众,赛会组织者会尽最大努力,但是他们并没有当今世界先进的交流和沟通的工具,这就意味着奥运会信息宣传主要依赖印刷品。因此,海报就成为了宣传赛事最为重要的一种手段。

从那时起,主办城市还要负责该届奥运会的推广和宣传工作。海报作为奥运文化传播的一种载体,就像一面旗帜,将奥运会的理念传达给每一位参与者,希望达到最充分的沟通和交流,同时也将奥林匹克精神与理念传播到世界各地。

荣誉的象征——纵览历届冬奥会奖牌

第一届冬奥会奖牌

奖牌正面：一个冬季运动员双臂张开，右手持一双冰鞋，左手持一副滑雪板，背景是阿尔卑斯山山峰。

奖牌背面：刻有十四行法文文字，内容为"夏蒙尼冬季运动会　1924年1月25日至1924年2月5日　由国际奥委会支持　法国奥林匹克组织委员会组织"。

第二届冬奥会奖牌

奖牌正面：张开双臂的滑冰运动员，周围环绕着雪花。

奖牌背面：顶端是奥运五环标志，下面刻有"第二届冬奥会　圣莫里茨　1928"字样，两边是月桂枝。

第三届冬奥会奖牌

奖牌正面：上方是右手持桂冠的女神，坐在云端，下方是阿迪朗达克山脉，山脚下是冬季运动场和普莱西德湖风光。

奖牌背面：顶端是奥运五环标志，底端是月桂枝，中间刻有"第三届冬奥会　普莱西德湖　1932"字样。

第四届冬奥会奖牌

奖牌正面：上方是一辆行驶在彩虹上的三马马车，由手持月桂枝的胜利女神驾驶，下方展示了几种冬季运动会用的器具，边缘刻有"加尔米施－帕滕基兴"字样。

奖牌背面：只简单刻有奥运五环标志和"第四届奥林匹克冬奥会　1936"字样。

第五届冬奥会奖牌

奖牌正面：以奥运五环标志为背景，一只手握着点燃的火炬，左右两侧各有三片点缀性的雪花，上半部分的边缘刻有奥林匹克格言"更快、更高、更强"。

奖牌背面：在两片雪花中间，刻有"第五届冬奥会　圣莫里茨　1948"字样。

第六届冬奥会奖牌

奖牌正面：上方是火炬，下方是奥运五环标志，背景刻有希腊语"奥林匹亚"，边缘是奥林匹克格言"更快、更高、更强"和"奥林匹克运动会"的法语字样。

奖牌背面：挪威语"第六届冬奥会　奥斯陆　1952"字样，三片雪花和奥斯陆城市宾馆的象形图案。

第七届冬奥会奖牌

奖牌正面：戴着奥运五环标志的女子头像，右侧有奥运火炬，边缘刻有"第七届冬季奥运会"字样。

奖牌背面：波马加尼翁山脉与雪花重叠在一起，边缘刻有"更快、更高、更强"和"科蒂纳丹佩佐 1956"字样。

第八届冬奥会奖牌

奖牌正面：两个年轻男女的侧面头像，代表了朝气蓬勃，边缘刻有"第八届冬奥会"字样。

奖牌背面：设计简洁，仅在中央刻了奥运五环标志，边缘是奥林匹克格言"更快、更高、更强"。

第九届冬奥会奖牌

奖牌正面：阿尔卑斯群山，边缘刻有"因斯布鲁克 1964"的字样，下方是体育项目的名称。

奖牌背面：该届奥运会标志，由奥运五环标志和因河大桥组成，边缘刻有"第九届冬季奥运会"字样。

第十届冬奥会奖牌

该届奥运会奖牌是历届奥运会奖牌中首次以体育分项分类的。

奖牌正面：奥运会的标志，边缘刻有"第十届冬季奥运会 格勒诺布尔 1968"字样。

奖牌背面：代表体育分项的象形图案。

第十一届冬奥会奖牌

该届冬奥会组委会首次突破了圆形奖牌的概念，用不规则的边角打造了一种全新的奖牌形态。

奖牌正面：展示的是一条微微凸起的线条。

奖牌背面：用英文和日文同时印刻了"第十一届冬奥会 札幌 72"字样。

第十二届冬奥会奖牌

奖牌正面：与1964年奥运会奖牌背面相同的标志，由奥运五环标志和因河大桥组成。因河大桥作为因斯布鲁克的标志性建筑物，也是该城市名字的由来。它象征着各民族的友谊和统一。

奖牌背面：以阿尔卑斯山为背景的滑雪区域，右边展示奥运圣火。

第十三届冬奥会奖牌

奖牌正面：一只手举着奥林匹克火炬，背景是山脉，饰有奥运五环标志和"第十三届冬奥会"的英文字样。

奖牌背面：刻有杉树枝及本届奥运会标志和"普莱西德湖 1980"字样。

第十四届冬奥会奖牌

奖牌正面：由一片雪花和奥运五环标志组成，并刻有"第十四届冬季奥运会 萨拉热窝 1984"的字样。

奖牌背面：一个戴有月桂枝的运动员头部轮廓。

第十五届冬奥会奖牌

奖牌正面：单线条勾勒的一片雪花，并刻有"第十五届冬奥会 卡尔加里1988"的英、法文字样。

奖牌背面：展示的是两个人的侧面像，分别为戴有桂冠的运动员和戴有滑雪杖、雪橇、枪等头饰的印第安人。

第十七届冬奥会奖牌

该届冬奥会东道主打破传统，采用挪威花岗岩作原料，表面镶嵌金、银、铜来制作赛会奖牌。

奖牌正面：刻有奥运五环标志，以及"第十七届冬季奥运会 利勒哈默尔94"的字样。

奖牌背面：刻有体育分项的名称和运动员形象。

第十九届冬奥会奖牌

奖牌形状似犹他河的卵石，同时具有现代和乡村的风格，象征着美国西部精神。

奖牌正面：刻有冲出冰山与火焰重围的运动员的图样，代表着奥林匹克精神、人类的精神活力以及被激发出的能量，而"LIGHT THE FIRE WITHIN（点燃心中的火）"的字样则被镌刻在奖牌正面左方。

奖牌背面：希腊的胜利女神NIKE手持象征橄榄枝桂冠的一片树叶，女神臂弯里是奖牌所属的运动项目示意图，手臂右下方刻运动项目名称。

第十六届冬奥会奖牌

1992年阿尔贝维尔冬奥会的奖牌经由手工以水晶为原材料制成，上面镶嵌金、银、铜。

奖牌正面：奥运五环标志，背景为叠嶂的群山，奖牌上方刻有桂枝，下方刻有英法文"第十六届冬奥会"字样。

奖牌背面：素色水晶雕成的图案，有力的线条象征着山脉。

第十八届冬奥会奖牌

为了突出地方特色，1998年日本长野冬奥会奖牌使用了涂漆技术，即将漆涂在圆形的黄铜板上，运用泥金画、景泰蓝和精细的金属加工技术制作而成。

奖牌正面：展示的是橄榄枝环绕的朝阳，以及该届冬奥会会徽。

奖牌背面：是用泥金画技术描绘的信州地区在朝霞映衬下层峦叠嶂的群山和该届冬奥会的标志。

第二十届冬奥会奖牌

奖牌为圆形，中间有一块圆形镂空，这个设计成功地把都灵冬奥会的独特魅力展现出来，奖牌的形状正好体现了意大利最负盛名的"广场"。"广场"是意大利的标志性建筑。奖牌的丝带并未直接系在奖牌顶部，而是穿过中间的圆洞，随意而优雅地系在了奖牌上。中间空着的一块还象征了我们的胸膛，胸膛下跳动的心脏和生命展示了对伟大奥运会的热情。

奖牌正面：都灵冬奥会会徽和几道光滑的刻痕，显得凹凸有质。

奖牌背面：根据不同项目而刻有不同的图案。

第二十一届冬奥会奖牌

温哥华冬奥会首次使用了波浪形的奖牌，奖牌的表面不是平的，而是呈现起伏的波浪形。不仅外形炫酷，奖牌上的图案也别有深意。加拿大原住民设计师考琳·亨特创作了两幅具有浓郁民族特色的抽象画，每枚奖牌截取画面的一小部分，没有一枚奖牌的正面图案是相同的，这使得每枚奖牌都是独一无二的，开创了奥运史上的先例。

奖牌背面带有标志的图案。

第二十二届冬奥会奖牌

奖牌主体分两部分，一部分为体现金银铜奖牌属性的实心部分，另一部分为银白色的镂空镶嵌设计。奖牌上绘有索契风光，太阳的金色阳光透过雪山之巅折射到黑海之滨的松软沙滩上，五彩斑斓。奖牌花纹繁复，细节处尤显精美。金属与聚碳酸酯材质的混合使用为奖牌带来了一种与众不同的美感。

值得一提的是，凭借10毫米的厚度和100毫米的直径，索契冬奥会的金牌成为奥运历史上最大的奖牌之一。

奖牌正面：奥运五环图案。

奖牌背面：刻有比赛项目的英文名称和2014年索契冬奥会的会徽，奖牌边缘则以俄语、英语和法语刻上冬奥会的正式名称。

第二十三届冬奥会奖牌

奖牌正面：左上方采用奥运五环标志图案，周围用充满活力的斜线填充，体现着"奥运健儿的汗水与忍耐"精神。

奖牌背面：印有奥运五环标志和具体项目名称，侧面用韩文"平昌 冬季奥运会 2018"的韩文子音和母音环绕，凸显立体感。

平昌冬奥会金牌重586克，是奥运史上最重的金牌。

冬奥会奖牌之最

最环保——2010年温哥华冬奥会奖牌由14万吨本应被埋进垃圾处理场的废旧电子产品（电子垃圾）制成，这也是回收材料首次被用于奥运会奖牌的制作之中。奖牌中含有微量从电子垃圾碎片中提取的金属，甚至可觅得少量电子器件的身影。各国运动精英在把奖牌带回故土的同时，也帮助加拿大消除了大量的电子垃圾。

最抢手——2013年2月15日，一块直径17米左右、重量10000万吨左右的陨石着陆在俄罗斯车里雅宾斯克州切巴尔库尔湖，巨大的冲击毁坏了4700座建筑中的玻璃部件，并且使1600人受伤。这些稀有的"天外来客"随即在网上被炒出了天价，一块陨石碎片的价格甚至被爆炒到1万～50万卢布不等。索契冬奥会上，俄罗斯特别制作了50枚"陨石金牌"，其中的10枚在纪念"陨石坠落俄罗斯中部"事件一周年的2月15日颁给冠军选手，剩余40枚则卖给了世界各大私人收藏家。

萌物集合——盘点历届冬奥会吉祥物

第十届法国格勒诺布尔冬奥会（1968年）

冬奥会历史上的第一个吉祥物，是1968年第十届法国格勒诺布尔冬奥会吉祥物Schuss，它是一个非正式吉祥物。

> **第一个冬奥会非正式吉祥物**
> 吉祥物名称：Schuss
> （雪士）

它的形象随后出现在了钥匙扣、纪念章、手表等商品中，并由塑料制成玩偶。Schuss作为奥运会吉祥物的开山鼻祖已经成为共识，国际奥委会官方网站上就留有它的身影。

> **第一个冬奥会官方吉祥物**
> 吉祥物名称：Schneemann
> （雪人）

第十二届奥地利因斯布鲁克冬奥会（1976年）

Schneemann作为有史以来的第一个正式官方吉祥物起到了关键作用。它是一个长着长长的胡萝卜鼻子、手脚粗短的雪人。雪人的头上戴着一顶红色的帽子，是一种具有当地居民传统特色的帽子。雪人的官方名字叫作施奈曼德尔（Schneemandl），在德语中Schneemann意思是雪人。

第九届冬奥会也在因斯布鲁克举行，但是因为缺少足够的大雪给主办方带来了很多的麻烦。然而，这一届冬奥会上，Schneemann却带来了足够的大雪。

第十三届美国普莱西德湖冬奥会（1980年）

> **第一个穿有冬奥会元素的吉祥物**
> 吉祥物名称：Roni
> （罗尼）

Roni的创意源自于运动员，因为他们在比赛中所佩戴的黑白相间的面具跟浣熊很像。

在普莱西德湖本地有一只活生生的吉祥物——一只叫作Rocky（洛奇）的浣熊。然而，它却在冬奥会比赛开始前永远地离去了。后来，就像你看到的，它以吉祥物的形式重新出现在了人们面前。

Roni 这个名字是由普莱西德湖的小学生们选的，来源于当地原住民易洛魁族人语言中的"浣熊"一词。Roni 的头部戴有滑雪者的帽子，眼睛上戴着滑雪眼镜。组委会销售的玩偶脚踏冰刀，胸前带有该届冬奥会的标志。

第十四届南斯拉夫萨拉热窝冬奥会（1984年）

这届冬奥会是首次在社会主义国家举办的冬奥会，举办地点是南斯拉夫的首都萨拉热窝，这是一座被迪纳里克阿尔卑斯山脉环绕的城市，Vucko 是城市周边山上森林中的常见动物。为了确定第十四届冬奥会的吉祥物，组委会采取了公众投票的方式，结果 Vucko 轻松战胜了其他5个吉祥物候选对手：雪球、山羊、黄鼠狼、羔羊和豪猪。

> 吉祥物名称：Vucko
> （乌吉克）

尽管 Vucko 的表情还是坏坏的，然而它被赋予了友好、热情的外表，一改狼在人们心目中的形象。Vucko 背后体现了狼的精神：无所畏惧。这在一定程度上也和"更高、更快、更强"的奥林匹克精神相契合。

第十五届加拿大卡尔加里冬奥会（1988年）

Hidy 和 Howdy 的原型是北极熊，因为主办地位于美洲大陆的北边。它们是穿着牛仔风格套装的兄妹。哥哥的名字叫 Howdy，是"How do you do"（你好）的缩写，妹妹的名字叫 Hidy，是由"Hi"扩展

> 第一届开创了使用一个以上吉祥物并为吉祥物设定性别先河的奥运会的吉祥物吉祥物名称：Hidy（希迪）和 Howdy（豪迪）

而来的，都是人们常用的问候语。

起初，设计者考虑用棕熊作为吉祥物，因为他们考虑到棕熊玩偶的人气和影响较大。但无奈棕熊作为1980年奥运会的吉祥物已经被使用过了，最后北极熊胜出。他们代表了寒冷冬天中的激情与活力。

这对北极熊兄妹开创了奥运会（包括夏奥会和冬奥会）历史上使用超过一个吉祥物的先河，同时让吉祥物有了性别之分。

第十六届法国阿尔贝维尔冬奥会（1992年）

Magique是史上第一个非动物的吉祥物。它将儿童的形象和五角星相结合，有着"冰上精灵"的含义。

Magique由一个代表冰块的立方体与一颗代表梦想和创造力的星星组成，身体的颜色来自法国国旗的蓝色，头上戴着的帽子的颜色来自法国国旗的红色，胸前有法国国旗蓝白红三种颜色的线条。

该届冬奥会最先入选的吉祥物其实是山羊，然而在赛事开始前的两年，赛事组委会决定放弃山羊而使用Magique。它不只出现在赛事中，还出现在了赛前培训志愿者的教学软件中。

> 第一个非动物的冬奥会吉祥物
> 吉祥物名称：Magique
> （冰上精灵）

第十七届挪威利勒哈默尔冬奥会（1994年）

该届冬奥会的吉祥物是两个快乐的孩子形象，男孩的名字是Hakon，女孩的名字则是Kristin。它们来源于挪威童话中的两个主角，这是奥运会历史上第一次选择人物形象作为吉祥物。

赛事期间，组委会从年纪为10~11岁的10000名挪威儿童中选出了8对组合来扮演"活吉祥物"。每对儿童代表挪威的一个地区，他们所到之处均受到人们的欢迎。

> 第一次推出人物形象的冬奥会吉祥物
> 吉祥物名称：Hakon（哈康）和
> Kristin（克莉丝汀）

第十八届日本长野冬奥会（1998年）

该届冬奥会一口气推出了4只猫头鹰作为吉祥物，创造了到该届为止一届冬奥会上的吉祥物数量之最。

这四只小猫头鹰统称为"雪精灵"（Snowlets），这个词汇中snow是"雪"的意思，lets是let's的缩写，表示邀请大家参与到冬奥会盛会中来。它们的名字分别叫做Sukki、Nokki、Lekki和Tsukki，名字的英文字头就取自Snowlets。

这组吉祥物被赋予了很多含义，猫头鹰代表"森林里的智者"，"四"代表着四季、两届冬奥会相隔的四年、日本的四个大岛等，国际奥委会官方网站则认为它们分别代表了火、

> 第一次在冬奥会上出现4个吉祥物
> 吉祥物名称：Snowlets（雪精灵，分别取
> 名为Sukki、Nokki、Lekki和Tsukki）

风、地和水四种森林中的自然元素。

第十九届美国盐湖城冬奥会（2002 年）

该届冬奥会吉祥物雪靴兔、北美郊狼和美洲黑熊的名字分别叫做 Powder、Copper 和 Coal，字面意思是粉雪（此处取 Powder snow 的第一个词）、铜和煤，分别代表犹他州的三大自然资源。

> 吉祥物名称：Powder（雪靴兔）、Copper（北美郊狼）和 Coal（美洲黑熊）

它们分别代表着奥林匹克的格言：更快、更高、更强——善于奔跑的雪靴兔代表更快，善于爬上山顶的北美郊狼代表更高，力大无穷的黑熊代表更强。

第二十届意大利都灵冬奥会（2006 年）

> 吉祥物名称：Neve（雪球）和 Gliz（冰块）

该届冬奥会吉祥物是拟人化的雪球和冰块，它们的组合代表了冬奥会中两个最根本也是最重要的成功要素：雪和冰。红色的 Neve 代表着运动的和谐和优雅，蓝色的 Gliz 代表运动员的力量。

以这对吉祥物为主角，意大利广播电视公司（简称 RAI）拍摄了 52 集动画片，每集一分钟，自 2005 年 10 月至 2006 年 2 月，在 RAI2 和 RAI3 播放。每集动画片都会涉及一个与奥林匹克有关的主题：价值观、主办国、运动项目等。

第二十一届加拿大温哥华冬奥会（2010 年）

> 第一次在奥运会上出现陪衬吉祥物
> 吉祥物名称：Quatchi（魁特奇）、Miga（米加）、Sumi（苏米）和陪衬吉祥物 Mukmuk

这三个吉祥物是根据温哥华所在的不列颠哥伦比亚省的神话传说所创作出的三个卡通形象。Miga 是一只正在滑雪的北极熊，其创意来自不列颠哥伦比亚省原住民的民间传说。Quatchi 是神秘故事。Sumi 则是一个长着雷鸟翅膀，会飞翔的动物守护神，它是一个"天生的领袖，对保护环境充满热情"。

他们还有个非常受欢迎的好朋友 Mukmuk，Mukmuk 的原型是一种生存在温哥华岛的珍稀濒危种类土拨鼠。但遗憾的是，Mukmuk 却不是官方的吉祥物，但它是奥运历史上第一个陪衬吉祥物。

第二十二届俄罗斯索契冬奥会（2014 年）

该届冬奥会的吉祥物为三只可爱的动物，分别是帅气矫健的雪豹、憨态可掬的北极熊和乖巧灵动的兔子。这三只吉祥物是经过俄罗斯全国电视直播的全民投票选出来的，因此成为奥运会历史上首次全民投票选出的吉祥物。

> 第一次由全民投票选出的奥运会吉祥物
> 吉祥物名称：Hare（野兔）、Polar Bear（北极熊）和 Leopard（雪豹）

第二十三届韩国平昌冬奥会（2018 年）

在传统意义上，老虎象征着朝鲜半岛的地理形状，尤其是白老虎被认为是神圣的守护兽。同时，白老虎的"白"色象征着冰雪体育运动。

> 吉祥物名称：Soohorang
> （守护郎）

守护郎的名字"Soohorang"则由多个韩语词语结合组成，其中"Sooho"在韩语词汇中是"守护"的意思，意味着对运动员、观众以及所有奥运会参与者的保护；"Rang"则有两层含义，一是韩语词汇"ho-rang-i（老虎）"的中间部分，同时也是主办城市平昌所在的江原道的传统民谣"Jeongseon Arirang（旌善阿里郎）"的最后一个字的字母组成部分。

第二十四届中国北京冬奥会（2022 年）

该届冬奥会吉祥物冰墩墩以熊猫为原型进行设计创作。熊猫是世界公认的中国国宝，形象友好可爱、憨态可掬，深受各国人民，尤其是青少年的喜爱。3D 设计的拟人化熊猫，体现了人与自然和谐共生的理念。吉祥物将熊猫形象与富有超能量的冰晶外壳相结合，体现了冬季冰雪运动和现代科技特点。

> 吉祥物名称：Bing Dwen Dwen（冰墩墩）和 Shuey Rhon Rhon（雪容融）

冰墩墩的名字中，"冰"象征纯洁、坚强，是冬奥会的特点；"墩墩"意喻敦厚、健康、活泼、可爱，契合熊猫的整体形象，象征着冬奥会运动员强壮的身体、坚韧的意志和鼓舞人心的奥林匹克精神。冰墩墩的头部外壳造型取自冰雪运动头盔，装饰彩色光环，其灵感源自于北京冬奥会国家速滑馆——"冰丝带"，流动的明亮色彩线条象征着冰雪运动的赛道和 5G 高科技；左手掌心的心形图案，代表着主办国对全世界朋友的热情欢迎。冰墩墩的整体形象酷似航天员,寓意创造非凡、探索未来,体现了追求卓越、引领时代,以及面向未来的无限可能。

该届冬奥会吉祥物雪容融以灯笼为原型进行设计创作。灯笼具有鲜明的中国文化特色,有着2000多年的悠久历史,是世界公认的"中国符号"。灯笼代表着收获、喜庆、温暖和光明。它是欢乐喜庆节日气氛和"瑞雪兆丰年"美好寓意的完美结合,表达了共同参与、共同努力、共同享有的办奥理念。灯笼以"中国红"为主色调,渲染了2022年中国春节的节日气氛,身体发出光芒,寓意着点亮梦想,温暖世界,代表着友爱、勇气和坚强,体现了冬残奥运动员的拼搏精神和激励世界的冬残奥会理念。

雪容融的名字中,"雪"象征洁白、美丽,是冰雪运动的特点;"容"意喻包容、宽容、交流互鉴;"融"意喻融合、温暖,相知相融;"容融"表达了世界文明交流互鉴、和谐发展的理念,体现了通过残奥运动创造一个更加包容的世界和构建人类命运共同体的美好愿景。雪容融头顶部的如意造型象征吉祥幸福;和平鸽和天坛构成的连续图案,寓意着和平友谊,突出了举办地北京的特色;装饰图案融入了中国传统剪纸艺术;面部的雪块既代表"瑞雪兆丰年"的寓意,又体现了拟人化的设计,凸显吉祥物的可爱。

奥运会为什么要设置吉祥物？

奥运会吉祥物（Olympic Mascot）一词，源于法国普罗旺斯语Mascotto，直到19世纪末才被正式以Mascotte的拼写收入法文词典。英文Mascot由此衍变而来，指能带来吉祥、好运的人、动物或东西。

奥运会吉祥物是奥林匹克运动会有代表意义的纪念形象。举办国为祝贺运动会圆满成功，选定一种或几种有本国或本地区特色的动物作为吉祥物。吉祥物的设计具有形象生动、欢快喜庆的特点。奥运会吉祥物属于奥林匹克徽记，其设计必须由奥运会组委会提交国际奥委会执行委员会批准。国际奥委会对吉祥物的要求很高，认为其必须有广泛的文化内涵，特别是在表达奥林匹克精神方面，还必须体现举办国的民族特色。

参考文献

［1］ 王仁周. 冬季奥林匹克（1924～1994）［M］. 哈尔滨：黑龙江人民出版社，1996.

［2］ 杨燕萍. 冬季奥林匹克之旅［M］. 北京：中国人民大学出版社，2018.

［3］ 李树旺，张磊. 冬奥会项目及观赛指南［M］. 北京：中国人民大学出版社，2018.

［4］ 杨澜，宋宇. 冬季运动知识读本［M］. 北京：中国文联出版社，2016.

［5］ 朱志强. 画说冬季奥林匹克［M］. 哈尔滨：黑龙江少年儿童出版社，2008.

［6］ 叶鸣. 冬季奥运会体育欣赏［M］. 上海：立信会计出版社，2018.

［7］ 国际奥委会官网 https：//www.olympic.org

［8］ 中国奥委会官方网站 http://www.olympic.cn/

［9］ 北京2022年冬奥会和冬残奥会组织委员会 https://www.beijing2022.cn/